# 美しい日本語の風景

中西 進

淡交社

写真　井上博道

# 美しい日本語の風景　目次

装訂　大西和重

# まえがき

おもしろいことに、鎌倉時代の有名な随筆『徒然草』を読んでいると、「手紙のことばも昔のものはりっぱだが、今は口にすることばも情けなくなった」(二十二段)といって、著者、兼好法師が嘆く。

ところが一方、ここで昔といわれている平安時代のエッセイ『枕草子《まくらのそうし》』では著者、清少納言が「近ごろはト抜きことばを遣っている」(二六二段)と憤慨している。

こうなると、どういうことになるのか。もっとも美しく正しいことばを使っていたのはアダムとイブだということになる。

彼らがどういうことば遣いをしていたか、誰も知らない。

私はこうした現象を「言語末世観」と呼んできた。この論法はことばにおける弥勒《みろく》待望論なのである。

しかし、ことばは、いかに弥勒が現れようとも、政府が統制しようとも、いうことは聞かない。何事も主人のことをよく聞く犬と違って、ことばは猫だからだ。多分ことばは「吾輩は猫である」というだろう。

われわれがことばに接する態度は猫に対する如くで、いくら統制しようとしても、どんどん変っていく。嘆いていても始まらない。

じつは楽しい友人がいて、このフランス人は最初日本語を江戸時代の文献から学んだのか、何事も「さようでござりまする」という。愛敬になって、みんな彼を大好きになる。

もちろん私とて、ことばがどんどん奇妙になっていくのに堪えられない。ラ抜きことばはもとより、「憧憬」のよみ方さえ「しょうけい」といってほしい。しかしそうばかりいっていると追いつかないことがある。「滑稽」は正しくは「かっけい」だが、今は「こっけい」といわないと、反って滑稽《こっけい》である。

それではどうすればよいのか。変化を認めながら、下品な流行語は使わず、大昔のものに固執せず、一歩遅れたところでことばを使うと、これはみごとなばかりに美しいことばの使い手となる。

じつは人間の品というものはすべてこの「一歩遅れ」にあるのだから。

滑稽《かっけい》は大遅れだが、憧憬《しょうけい》は一歩遅れである。

いや、一歩遅れはすべての言語についていえる。英語と米語、米語のなかでも普通語とスラング——。

この度、長年の畏友、淡交社の服部友彦副社長から「美しい日本語」をとり上げて、その「風景」を語ってほしいといわれた時、私が思い出したのは、以上のような事情だった。

その上にもう一つ、歴史の新古にかかわらず美しい日本語もあるから、これらをこもごもに語ってみたのが本書である。

新古だけが美を決定するのでもないことも、知っていてほしい。

たとえば有名な外国人のタレントが憮然とした面持ちで文章を書いていた。「みんなが美しいことば、美しいことばというけれど、何のことはない、それは古いことばにすぎない」と。

日本語が学習言語である外国人には、こうした誤解が起こりがちだろう。しかしことばの美醜は、もっと感覚的なものだ。深くなじむことで、ことばは正体を明らかにする。

この書物が母国語か否かを超えて、多くの人たちに味読して頂けることを願っている。

中西　進

第一章

# 空と大地のことば

# あけぼの

日本語で夜明けを意味することばはいくつかある。単純なのは「よあけ」、夜が明るくなるから夜明けである。一方「あさあけ」というのもある。これは「朝という、夜が明ける時」ということばだ。朝が明ける時、などと誤解すると面くらうことになる。

さてこの他にもう一つあるのが「あけぼの」。これは「夜がほのぼのと明ける時」という意味だ。「ほのぼの明け」といってもいい。もちろん中国の字で「曙」と書くのは、みな承知のとおりである。

そこで「よあけ」との細かい区別も注目しておかないといけない。「ほのぼの」とは光の輝きをいうのだろう。あの朝日の光芒が空に放たれる、その様子を「あけぼの」というと私は考えてきた。

その図案化が旭日旗になり、いくつかの会社のマークになったりして、みんなが親しんできた。鮭の缶詰のラベルにもあったように思う。だから「あけぼの」は太陽が昇らないといけない。

「よあけ」は単純な時間の経過だから、情感が大いに違う。

だいたい「ほのぼの」とは擬態語といっていいだろう。本来は仄《ほの》かなのだが「ぼんやり」（仄かな様子）などと同じで擬態語になっていると思う。すると、空の状態を受けとめた情感で夜明けの時刻とするのだから、この日本的造語法は、逞しくみごとではないか。

このりっぱな日本語から始まるエッセイ集を日本人は千年間、愛読してきた。「春は曙」で始まる『枕草子』である。

宮廷の女官だった作者、清少納言は饒舌が大嫌いで、きっぱりといい切る。春は曙に限る、と。なるほど「ほのぼの」とした情感は他のどの季節にもない。とくに彼女のいた京都のたたずまいには、これ以外のいいようがない。

# かぎろひ

似たことばに「かげろふ」がある。これは「陽炎」と漢字を当て、春の日、野原などからゆらゆらと立ちのぼる陽光を意味するとされる。

しかしことばとしては「かぎろひ」と「かげろふ」はまったく同じである。「かぎ」「かげ」また「かが」「かぐ」、すべて同じように光が明滅することを言う。だから月影《つきかげ》の「かげ」は光の輝《かが》き、輝くお姫さまが「かぐや姫」である。

『万葉集』（巻一）でも大歌人、柿本人麻呂が「東の野にかぎろひの立つのが見える」と歌う。太陽が山の端から出た瞬間の曙光を歌うのだが、この「かぎろひ」も野に立っているのだから、先に述べた「あけぼの」の曙光とは異なる。

太陽は山の稜線を出た途端に、空に光芒を放つとともに、作者の眼前の大野にも「かぎろひ」を幾条となく与え、ゆらゆらと揺れる輝きに大景のすべてを溢れさせたのである。

その点で「かげろふ」と大差はない。

また、人麻呂がいた土地は昔から日の出を拝む聖地だったらしい。丘のふもとには、伊勢の大神、つまり太陽の化身である天照大神《あまてらすおおみかみ》をお祭りする神社がある。だから目の前の大野は、神である太陽の輝きにみたされたことになる。

いまは地球上の人口の半分が都会生活者だという。そういう人たちが大自然の中からさしのぼる太陽を目にすることは不可能に近いだろう。

しかし、そうであればなおのこと、神々しい太陽の登場が与える光の饗宴を、せめて想像の中だけでも味わってほしい。「かぎろひ」という美しいことばは、想像の緒《いとぐち》としてでも、永く持ちつづけ、味わいつづけてほしい単語である。

かぎろひ

# あぶらでり

油照り。いうまでもなく真夏の、じりじりとむし暑い太陽の照り方である。人間にとって太陽の照り方こそ最大の関心事かもしれない。とくに最近のように直接太陽にあたると具体的に体が破壊されることが知れわたると、いっそう関心が高くなる。

近年は男性用の日傘がよく売れるようになったという新聞記事も見た。そうなると太陽の照り方がたった一つ、体にいいか悪いかで測られているのだから、いま一つ、気持ちが冴えない。

さてそこで「あぶらでり」ともなると、いっきに情感が深まる。それも「あぶら」がもつ情感のせいだ。たとえば「あぶら凪《な》ぎ」。海面に油をしきつめたような凪ぎ。「あぶら月」、月のまわりに油をまといつかせたように、とろりとした月。「油ぜみ」、あのジイジイと粘《ねば》っこく鳴いてやまない蟬。あげくの果てには、憎っくき「油虫」がいる。どこへでも遠慮会釈なく入り込んで来て噛《かじ》りちらす、見るからに不愉快な虫は、体が油っこく光っているだけでは油としても片端で、ほんとうは油のように始末が悪く、さっぱりしないゴキブリの特性から、この綽名《あだな》があるにちがいない。

日照りもそうだ。油のようにねちっこく塗りたくられるように照らされたのでは、たまらない。そのような日照りに会った時のことばが「油照り」だ。

だから全く歓迎されない炎天も、お互い「油照りですね」ということばで相身互い身、案外な仲間意識ができるかもしれない。

いやいや一人で感じていてもいい。まさにこのような酷暑もあれば、やがて来る涼風もある、と思って折々を経験して生き方を深めていくのも、人生というものだろう。エアコンに頼り切って、のっぺらぼうに生きるより、余程ましではないか。

# はなぐもり

「はなぐもり」の「はな」はさくらのこと。さくらの花が咲き乱れるころの曇り空が「はなぐもり」である。

日本人はさくらの花を有史以来、愛しつづけてきた。今の染井吉野という新種ができるもっともっと前、山桜が主流だった千五百年前からそうであった。

ところが開花期間の極端に短い、そしてまたはかなげな花びらをもつさくらだのに、春のころの天候は、必ずしも安定していない。雨も多く風も吹き、天高い秋とはおよそ逆である。

そうなると二つの矛盾の中で、日本人は心安らかではない。いや安らかではないさくらであればこそ、さくらへの愛着も一段と大きくなるのだろうか。人の心は測りがたい。

「はなぐもり」もその一つだ。変りやすい春の天候を反映して、開花の背景には曇天が広がる。いつ雨が降るかもしれない。

おまけに専門家によると、このころに広がる雲は、太陽や月のまわりに暈《かさ》を作りがちなのだという。

夜ざくらの月夜に、暈をきた朧《おぼろ》な月が見られるのは、よく経験するだろう。日本画の画題にも多い。

「はなぐもり」は万事こんな朧な情緒をかもし出すものだ。いかにも春らしいとなれば、空はかえって、曇っていたほうがよいのであろう。

私はかつて日輪にかがやくさくらのことを短歌に歌ったが、その反対に靉靆《あいたい》とした雲の広がりの中で、朦朧《もうろう》と霞むように咲きあふれ、咲きつづけるさくらの静かさも春らしいといえるだろう。

春のけだるさ、春愁《しゅんしゅう》も抱きかねない春の心には「はなぐもり」はうってつけの舞台照明かもしれない。

# ほてり

「ほてり」は漢字でかくと「火照り」。

よく使うのは、はずかしさで「顔がほてった」という時だろうか。思わず赤面するのを、顔がかっかとする実感をもっていうのであろう。

ところが夕焼けのことも「ほてり」という。山の端が「ほてり」した夜には、漁師たちが明日は天気がいいとばかりに船出するという古い歌（『新撰六帖題和歌《しんせんろくじょうだいわか》』）が七百年も前にある。海一面を輝かす夕焼けを「ほてり」といったらしい。

そして近代でも大正昭和に活躍した北原白秋が、故郷の筑紫をしのんで、「火照沁《し》む夕日の潟《かた》」（『帰去来』）と歌う。

そういえば古く『万葉集』（巻一）でも、海上の豊旗雲《とよはたぐも》に入日がさす光景から、やがて訪れる夜の明月を予測する歌があるから、これが「ほてり」の元祖のように思える。

何と日本人は千三百年以上も「ほてり」の現象を歌いつづけてきたことになる。

この「ほてり」が、心の中の恥《やさ》しさによって顔色が赤くなることと同じだとは。いったい海上の空を赤く染める太陽は、暮れ方に何か恥しい気持ちになっているのだろうか。

じつは、太陽をヨーロッパでは黄色に画くことが多く、じじつ向日葵《ひまわり》やタンポポは太陽だと思われている。ところが日本人の太陽は赤い。

そこで太陽をよく見ると朝夕の太陽は赤く、真昼の太陽は黄色。日本人は朝夕の太陽を中心とするらしい。まさに「ほてり」の太陽である。

そしてまたぎらぎら太陽に思わず目をつむると、まぶたの中で太陽の赤く変ることがある。

瞑想の太陽は赤い。「ほてり」の太陽は人間の瞑想の中にあったともいえる。

顔の「ほてり」と落日の「ほてり」は、やはり同態だったのである。さし昇ろうとする初々しい太陽、消えてゆこうとする太陽、この恥しさが人々を瞑想に誘うともいえるだろう。

ほてり

# こはるびより

「小春日和」。春とはいいながら冬十月の日和《ひより》のことである。

しかも陰暦の十月だから、大ざっぱにひと月ずらしても陽暦十一月のころだ。かなり寒い。その中で、まるで春のような日和がふと訪れる。日本人はそれを昔からよろこんで来たのである。

もっとも、そう賢《かしこ》そうにいっても、少年のころ私はこのことばがよくのみ込めなかった。英語の辞書をめくっていると、小春日和はインディアンサマーとある。ははあと嘆息をつくしかない。

しかしこのことばの仕組みには憎いほどに日本語の絶妙さが込められている。まずは「こ」。春は季節だのに「小《こ》」などということが考えられるだろうか。ところが日本語は平気でほのかな印象、小さいものへの愛情まで込めて、「こ」をつける。「おこごと」、「こ憎らしい」などと。人名でさえ「小野小町」。

また季節と季節感は別物と考えて、はばからない。むしろ実際とは別の季節を感じる方が大事で、寒いなあと思い始めた夜寒《よさむ》は秋だったりする。なまじ春には春とはいわないで、春霞は霞で秋霧は霧ですませる。日本人がいかに感性に生きて来たかが、わかる。

そしてまた「ひより」。「ひより」は天候のぐあいのこと。「日寄り」と書くのが実体に合っているだろう。「今日はお日がらもよい」などと、われわれの先祖は日に人格まがいのものまであたえてしまったから、天候の成り行きにも、その日のご機嫌まで伺っていたように思える。

「こはるびより」はそんな総体の上で、私たちに静かな喜びを伝えてくれる。昔だったら小春日和の休日、家族が襟巻でも巻いてお宮まで散歩しようということになった。もちろんもう暖かい日ともいよいよお別れ、みんなの心には次の春への待望がやどっている。

# ののさま

「のんのさま」ともいう。辞書などでは幼児語だと決めつけているが、私は大人でも大いに使いたいことばだと思う。

お月さまのことだ。

なぜお月さまを「ののさま」というのか。「ののさま」は「のんのんさま」が短かくなったもので、「のんのんさま」は「のんさま」をくり返したものだろう。それこそ幼児ことばは、しばしばくり返しになる。はいはい、おちんちんなど。

それでは「のんさま」とは。昔、式部省《しきぶ》という法則などを管理した役所があって、これを「のりのつかさ」といったが、一般の人々は「のんのつかさ」と発音した。つまり「のんさま」は「法《のり》さま」なのだ。

月をなぜ「法さま」というのか。八世紀のころ、比叡山では中秋の名月をはさんで「山の念仏」が行われた。中秋のお月見はこれに由来する。中秋の名月に向かって「なむあみだぶつ」といえば、もう月は仏法の「のりさま」である。真如《しんにょ》の月こそ法《のり》の月だ。

　こんなにありがたい「のんさま」を日本人は忘れてはいけない。マンションの窓に月が上がっても、「お、今晩はのんさまがきれいだ」という父親は、頼もしいではないか。

「パパ、どうして月がノンサマなの」と聞かれても「おれが子供のころもそう言っていた」で十分。子どもも「ウン」といって父親の手を握って月を仰ぐだろう。

　じつは近ごろレストランでひそかに観察していると、食事の前、ごく自然に手を合わせる人が意外に多い。とくに若い女性に目立つ。いかにも無意識なしぐさであることがなおほほえましい。

「案外、日本人も捨てたものじゃない」と思いながら見ているのだから、お月さまを「ののさま」と言うようになることも、期待できると私は思う。

# たそがれ

「もう夕方になった」という時と「ああ、たそがれ時だ」という時は、ちがう。

一所懸命仕事をしてきて、ふと気づくと夕方になっていた時でも、一呼吸おいて、風景から「たそがれ」を感じるのであろう。

「たそがれ」は「誰《た》そ彼《かれ》」――うす暗くてよくわからないものだから、やってくる者を誰だろうと疑う。そんな時刻を「たそがれ」といった。

そういうと、反対の夜明けだって同じではないかと思う人も多いだろう。そのとおりで、こちらは「かわたれ」(古くは「かはたれ」)といった。「彼《か》は誰《たれ》」――あの人物は誰だろうと疑うのだから内容は同じ。表現を反対にしただけだ。

ともどもにおもしろいと思う反面、どうして「だれ」にこだわるのかが気になる。

しかし、出会う相手が誰だって大した問題ではない昨今のように平和な時代は、人類の歴史全体から見ると、ごくごく希《まれ》で、警戒しなければならない方がふつうだった。

いやいや現代の日本でも、鬼が出るかもしれない。私とて子どものころ「人さらないか。

い」が出るから早く帰れといわれた。いやその悲しい事実は今日の日本の問題では

そして物理的にも「たそがれ」を実感することがある。一面が黄色く混濁して、形が定《さだ》かでない一時がある。運転手はそれをよく心得ている。視覚の錯乱は、ごく自然科学的な現象なのであろう。

それにしても、この物理的な現象を「あのひとは誰だろう」という、まったく心理的なことばにおきかえて通用させてしまう日本語の個性に感嘆する。

このことばのモラルに敬意を表したい。暗くなったのなら「いや、電気を点《つ》けて明るくすればいいんだよ」というのとは次元がちがう。もう鬼の時間が始まっているると思って振る舞えば、「こぶとり爺さん」だって、こぶをとってもらえるのである。

たそがれ

# ありあけ

むかし、お月さまはお日さまと喧嘩したそうな。そこで仲違いして、いつもいっしょにはいない。昼と夜とに分けて生きているのだとか。

ところがそんな二人だのに、ほんの少しだけいっしょにいる時がある。ついつい夜空にのぼるのを忘れて出遅れてしまったお月さまは、お日さまが出る朝になってもまだ西の空にいて、西の端にたどりついていない。

そこでお月さまがまだ空にありながら、夜が明けてしまう時の月を「ありあけ」の月といった。だいたい、旧暦の二十日前後のお月さまがそうなる。

そもそも満月は程よい時刻にのぼるからうまいぐあいに夜空を渡り、「いざよい」(漂うこと。十六夜)、「たちまち」(立ち待ち。十七夜)、「いまち」(居待ち。「い」はすわること。十八夜)、「ねまち」(寝待ち。十九夜)まで、月の出は遅れていき、一夜ずつ月の形も欠けていく。

だから二十日すぎの月はずいぶん痩せた姿を、朝の空に残すこととなる。もうお日さまが出ているから色も白じらとした残月になる。

そこで反対に、この「ありあけ」の月こそ淡くはかなげで、たまらない情緒がある、という人気も出て来る。

むかし男が女の許へ通っていた時代には、人目につかないように、まだ闇のある早朝に女の家を出る必要があった。ふり仰いだはずの月は「ありあけ」の月である。また、男を待ちつづけて、ついに空しく朝を迎えた女が見た月も、「ありあけ」の月であった。

いや、現代のビルの上空にも仄白い残月がある。徹夜してしまった社員、孤独な都会の中で暁《あかつき》に見てしまう残月。いま人間はまた別の対話を「ありあけ」の月としつづけるのだろう。そういえば「残月」という、歴史の古い銘菓もある。

ありあけ

# かみなり

空が怪しく変化し、雷鳴がとどろく。この大音響を神様が音を立てることだと考えたのが「かみなり」（神鳴り）である。

古代のことをあれこれ調べていると、もっとも恐れられたのが雷神だったことがわかる。太陽が第一位にのし上がっていくのは、人間が文明になじんでからだ。

しかし雷神の第一位は恐いからだけではなかった。何事もそうであるように、役に立つかどうかで価値は左右される。雷の場合、これが生産に大いに貢献した点からも、最高神とされた。「いなづま」で述べるように（40ページ）、雷光は豊饒《ほうじょう》をもたらしたのである。

「かみなり」は別に「いかずち」（古くは「いかづち」）ともいわれた。「いか（厳）つ（ノ）ち（霊）」という意味だから、とくに性格の指定もなく、いちずに、「おごそかな霊魂」としか言わないのだから、大変な畏怖ぶりである。

古代世界には広く雷光占いがゆきわたっているから、その神としての地位の高さもわかる。雷光占いとは、雷光の来る彼方の宇宙を調べ、雷光をその方角にいる神の怒りと受取って、当の神を祀《まつ》るものだ。

もう一つ「かみなり」の別名に「かむとけ」ということばもある。天上に雷鳴をとどろかせ、時として光芒を放つばかりで姿を見せない雷神を、大きな神体の一塊《かたまり》と考えたのだろう。この一塊の分解が時として行われる。その分解が「かむとけ」で、稲妻の光芒を放ちつつ分解した。

こうなると、もうエネルギーの塊まで古代人は知っていたとも思える。

雷はこんなことば群に囲まれて、天上の神として尊ばれた。日本ではカモとよばれる神が、雷神らしい。江戸時代の風神雷神図も知る人は多いだろう。いずれをとっても、古代人が捧げた畏敬の念がよく伝わってくる。

だからことばとしてもおどろおどろしい響きを持ち、それでいて大切にしてきた親しみ深さも感じられるように思う。

# いなづま

「いなづま」が、大空を走る凄《すさま》じい電光であることはみんな知っているが、なぜあの電光を稲の妻などというのか、あまり人は考えないらしい。

いや考えても変な話だと思うままに、うち捨ててしまうのだろう。

しかしこのことばの内容は重い。

そもそもこの場合の「つま」は夫のことだ。本来「つま」は相手という意味だから昔は夫も妻も「つま」といった。

それではどうしてあの電光が稲の夫なのか。「いなづま」が走ると空中の窒素は分解されて地中の窒素肥料となる。だから地上の稲を妊娠させる。つまり稲の夫なのである。

「いなづま」ということばは『古今和歌集』(九〇五年に成立)に出てくるが、さらに古い『日本書紀』(七二〇年に成立)には「雷電《いなつるび》」とある。「いなつるび」は雷が稲と性交するという、直接的な表現だった。

だからもっと正確に言うと天帝が落雷によって地上の神に交わり、結果として豊穣がもたらされる、という思想である。

天子といえども雷鳴とどろく時には性を慎まなければならない掟があった。ところが日本の古い文献には、雷鳴の中で皇后と交わっている天皇の寝所へ入ってしまったドジ男が「雷を捉《とら》えてこい」と難題をあたえられて、雷を捉えたところが飛鳥の雷の丘だという話もある（『日本霊異記《にほんりょういき》』）。

とにかく驚くほど正確に自然を観察して、それに対応していたのが古代人である。その古代人の知恵の一つが「いなづま」だった。

ところが現代人が電光による豊饒を知ったのは、つい最近のキノコ栽培によってだというから、自然科学は古代の方が発達していたといえそうである。

同じことが他のことばの中から発見されるかもしれない。自然科学者のみなさん、どうぞ探してみてください。

# はるさめ

「はるさめ」は単純に「春の雨」が縮《ちぢ》んだだけのことばだが、「はるさめ」という時と「はるのあめ」という時とでは、語感がずいぶん違う。「はるのあめ」は春という季節に降る雨しか連想しないが、「はるさめ」には、独特のひびきがある。

日本では、春に先がけて雨の日が多い。雨に体ごと包まれていると、一雨ごとに雨が柔らかになり細かくなり、煙雨《えんう》という趣を見せるようになる。そしてはるさめとよべるような雨が漂う。

学生時代、今は亡き金田一春彦先生の講義を受けた。「方言概説」という講座は名講義の連続だったが、その中で先生は「はるさめは京都にしか降りません。下から降る雨です。関東のように硬い雨ではありません」と言われた。

五十年以上前の講義を、はっきり覚えているのは、よほどの衝撃をうけた証拠である。

東京生まれの私は、その後何十年かして京都で一週間をすごした時に、初めて先生の言を実感した。「はるさめ」は、ほんとうに下から湧き起こってきた。傘など必要な雨は、もう「はるさめ」ではないのである。

だからこの時、初めて名せりふも納得した。新国劇の『月形半平太』で、半平太が門を出た町は折しも雨。「月様、雨が」と傘を差しかける芸妓に、半平太は「春雨じゃ、濡れて行こう」という。

このせりふ（行友季風作）ほど「はるさめ」を適切に表現した解説はないだろう。

ちなみに蛇足を加えると、中華料理に春雨という、透明な麺のような食べ物がある。原料はイモらしいが、姿が春雨に似ているから名づけられたと聞いた。

本物の雨よりはよほど太いが、それにしてもはるさめの情緒をもって名づけたとは、心憎い。

# ゆうだち

「ゆうだち」はいろんな意味で、人気者ではないか。

暑い夏の一日、やっと夕方を迎えるとともに、ざあーと降ってくる大粒の雨。涼しくなって快いし、植物に水をやろう、道に打ち水をしよう、などと考えていた人の手間を一挙に省いてくれる。とにかく豪快でもある。

雷も鳴ることがある。いっそう夏らしくていい。

そもそも「ゆうだち」は入道雲によって起こると教えられた。雲の通り道に降るのだという。だから通りすぎると止む。

あの入道雲である。青空にもくもくと盛り上がり、そびえ立つ雲。一途に力強く夏のシンボルとしか思えないあの雲が、雨を降らせるとは。

自然科学の知識に乏しい私はこの雲と雨との関係が、悲しいことに信じられなかった。

しかしそう教えられてみると、それでこそ夕立が勇壮で豪快な雨だということも、よくわかった。ついでにこちらも入道雨でいいのではないか、と思うほどだ。それなりに一挙にやって来る。路上で夕立に急襲されて、あわてて軒先へかけ込む人。家から外へ飛び出していって、洗濯物をとり込む人。あっけにとられて空を仰ぐ人。

そんな光景が、私の生涯の中に出合った夕立の、一こま一こまを作っている。雨も大粒だから音も大きい。乾き切った草木の葉が、ばりばりと音を立てる。とくに葉っぱの大きい向日葵《ひまわり》のようなものに、それははげしい。

こう思い返してみると、夕立の風景はみごとに夏の風景である。逞しくて無頓着な、夏くんの仕草。

入道雲と夕立は夏の回想の中に、なくてはならない。それが「ゆうだち」ということばへの愛情も生んでいると思える。

# にわたずみ

「潦」と書くことが多い。古くは「にはたづみ」といった。ただ語源には諸説あって、なかなか決定的なことがいえない。俄《にわ》か水だとか、庭立水《にわたつみず》だとかという。古典に出て来る表現を見ると、突然出現する水たまりのようで、雨の後、道のところどころにできた水たまりをさすらしいと想像される。

それなら、われわれもよく見るではないか。いやいや、もう道の大半が舗装されてしまって、水たまりなどどこにもないのが現代で、私の子どもの頃のなつかしい風景になってしまったのかもしれない。

だから私などは水たまりと聞いただけで、いろいろな風景が浮かび上がってくる。

水たまりは小さいのに、その中にはずいぶん多くのものが映っていた。あんなに遠いお日さまの姿まで映って、キラキラとまぶしかった。

秋晴れの空が逆さになって、雲の流れていることもある。いつまでも飽きない空の倒景。

水たまりには少年のころの貴重な思い出がいっぱいつまっているように思える。ただ古典の「にはたづみ」が、突然の水として人の死を悲しむ涙の比喩になったり、不安定なものを現わすものとなったりするのは、私のロマンチックな追憶とはちがう。

はげしい「潦」は、六四五年、蘇我入鹿《そがのいるか》が宮中で殺害された時のものだろうか。誅殺《ちゅうさつ》を受けた入鹿の死体は打ち捨てられ、折しもの雨を受けて、あたりには「潦、庭に溢《いは》めり」（『日本書紀』）という。死骸を囲んで、あちこちに水たまりができた。そして雨はなお止まず、水たまりから雨は流れ出して庭を水一面にしたという。

誰も連坐をおそれて、屍に近づかない。人の世の薄情さを明らさまに見せつけながら、庭に溢れる「にわたずみ」であった。時に晩夏、雨はさみだれである。

ゆうだち

# のわき

秋の日本には、次つぎと台風が上陸する。その中でもっとも典型的な台風が二百十日ごろのものだ。

立春から数えて二百十日、九月初めになると、強い風がきまったように吹き、逆に「ああ二百十日だ」と思い出す。

その風を「のわき」といった。今は「のわけ」というのがふつうだろう。夏目漱石の小説『野分』も「のわけ」とよませている。

いずれにせよ、強い風が野を吹きわたって、草をなぎ倒していく様子から命名されたものである。

おもしろいことに、『万葉集』(巻十四)には「諸向《もろむ》き」ということばがある。草が風によって一方に倒れる状態をいうもので、このことばは武蔵野の広さも背景としている。

そうなると風の道も視野に入れていることがわかる。風の吹き方によって倒れる方向が変るのだから。

だからこそ「のわき」であって、風によって野の草の傾きが分かれていくのである。ただ大雑把に野を強風が吹きわたるとだけ、考えていたのではない。

その体験を、今でもみることがある。暴風が吹き荒れた後の田んぼをみると、無惨に稲がなぎ倒されている。ところが倒され方がさまざまである。お百姓さんも大変だろうと思うほどの、吹き廻った風の爪跡なのだ。風の吹き具合で、あちこちへ向けて稲が倒されるのである。それでこそ「のわき」であろう。

ただこの自在な風は凶暴なだけではない。翌日風が収まった後をみると戸の格子の一つ一つに木の葉をわざわざしたように吹き入れていると、『枕草子』で清少納言が感心している。

野を分断するかに見える大きな風の仕草、かと思うと驚くほど繊細な風のたくらみ。そんなものに目を向けながら、古来の日本人は「のわき」ということばを使ってきたようである。

のわき

# しぐれ

「しぐれ」とは、「しぐる」という動詞の名詞形である。そして「しぐる」は『平家物語』にみえる「しぐらう」と同じことばだろう。

ものがたくさん集まっていることを「しぐらう」というらしい。

だから今、晩秋から初冬にかけての雨を時雨と書くこともわかる。時として固まって降るから、時の雨なのである。

しかも、そろそろ寒くなるころの雨だ。雨空も暗く重い。降りみ降らずみといった雨が一向に止まないと、心はすっかり塞ぎこんでしまう。

「しぐれ」は侘しい雨だが、しかし人間の心の悲しみに歩調を合わせてくれるようで、反って他人とは思えない親しみも感じさせる時がある。ヴェルレーヌの詩に「雨の巷《ちまた》に降る如く　われの心に涙ふる」（堀口大學訳）という一節がある。都会の孤独と一体になった雨である。

もちろん「しぐれ」は『万葉集』の昔から歌人たちによって歌われつづけてきた。

私の大好きな歌の一首に、

うらさぶる　心さまねし　久方の　天の時雨の　流らふ見れば　長田　王《おさだのおおきみ》

という絶唱がある（巻一）。侘しく死に絶えるような心を全身にゆき渡らせるのも、「しぐれ」のしわざである。

しかし反面、しぐれは近代俳句に、こんなほほえましい作品も生んだ。

しぐるるや　駅に西口　東口　安住　敦《あずみあつし》

むかしは突然雨が降り出すと、帰りの家族を待って、駅前に人があふれた。作者も出迎えを予期するのだが、さてそれはどっちの口だろうか、はっきりしない。帰る人を待つ家人の風景。そんな暖かさもむかしの「しぐれ」は演出した。もちろん今でもあっていい風景だが、携帯傘もできた。タクシーの便もよくなった。その上人間関係も希薄になった。

すでに失われたしぐれの風景がなつかしい。

# こがらし

「木枯《こがら》し」。木を枯らすように吹く風のことをいう。

俳句の季語としては冬に分類されるが、晩秋初冬の冷たくてはげしい風が、「こがらし」と名づけられた。

こうした季節をまたぐ風や雨は、「しぐれ」（54ページ）も同じで、両方またがる「あいまい者」などと思われると可哀想である。むしろこうした天候の連続的な推移によって訪れてくるものが次の季節なのだから。

たしかに秋の終りごろ、日一日と寒気がつのり、空の雲も重くなり、そろそろ厚着を考えはじめる朝など、起きてみると木々が黄や赤に変色し、かじかみ、落葉しはじめている。

そしてついには葉を一枚もとどめない「枯木」になってしまう。もちろん落葉は木の命の防備で、けして枯れているのではない。

この事実と印象との間にあって、上手に橋を架けるのが美しいことばだといえよう。

「こがらし」も実際に木を枯らしてしまう風だったら、抒情的《リリカル》な印象はない。いかにも詩的だから小説の主人公の名前にもなる。木枯し紋次郎のように。反対に、ほんとうに木を枯らす松食虫は架空の主人公にすらしてもらえない。

私は、この風が演出してみせる風景をさす「こうらく」（黄落）ということばも好きだ。木々の葉は黄変して落ちる。大きな葉だと地上に重なりあって、踏むとかさこそと音を立てる。冬の音である。

「こがらし」の俳句の絶唱に、

こがらしの　果はありけり　海の音　池西言水《いけにしごんすい》

がある。一しきりのこがらしの後に、潮鳴りの音が聞こえてきたという（実際には琵琶湖での作）。「こがらし」は海に入って命を「しおなり」にかえるらしい。

大きく天地を円環する自然の生命である。

# ゆきもよい

もう現代語としては失われていることばだろうが、「ゆきもよい」はぜひ復活させたい。いまにも雪が降りそうな空模様のことである。

ただ、それをなぜ「ゆきもよい」というのかは、少し説明がいる。

「もよい」は古く「もよひ」と書いた。この言い切りの形は「もよふ」のはずだ。「もよふ」ということばは、古典に見当らないが、一方「もよほす」（催）ということばはごくふつうに使われている。そして「もよほす」がある以上、その祖形は「もよふ」だったことになる。

また「もやふ」ということばも一般的な古語で、「舫ふ」つまり船を舫《つな》いで碇泊させることである。

「もよふ」もこの辺りに位置するらしい。「もよほす」は現代では開催する意味だが、その一歩手前、つまり行事を計画し準備することを古くは「もよほす」とか「もやふ」といったのではないか。今でも尿意を「もよおす」という。舫いも船出の準備である。

いかにも雪が降り出してきそうな、自然に雪が湧いていそうな、誰かが雪を支度していそうな、そんな空が「雪もよい」だろう。

室町時代に宣教師が作った『日葡辞書《にっぽ》』に「信心チモヨホス」とあるらしい。「もよほす」は自然の成り行きを重視した表現と思われる。

そんな空想をあれこれ楽しんだ上で、さて北国の冬の夜空を想像してみると、「ゆきもよい」が何と的確に日本の北国の空を言いあてていることか。

やがて降り出した雪は、三日も四日も降りつづくのだろうか。屋根屋根を小さな山頂として、町一面が雪をかぶった山国の全景でもあるかのように、風景はかわる。

そして一軒一軒の窓に灯りが点《とも》り、雪蛍といった風情を展開する。その中で太郎も次郎も寝入っているだろうと詩人の三好達治は「雪」という詩のなかで想像した。

母親はよなべに励んでいるのかもしれない。

# かざはな

「風花」。じつは小雪のことだ。

私が日常生活の中で自然に身につけた以外のことばとして、「かざはな」はごくごく早いものだったように思う。素人俳人だった亡父から、よく俳句のことばを聞いた。その内の一つが「かざはな」で、美しいことばとして感動したことも、思い出す。

感動とは、そのものが妙に輝いている、といった実感である。

そして年齢を加えてみると「かざはな」は意外に日常語であることにも気づいた。冬の初めのころ、雪ともなく小さな白い切片が空中を舞う。

「ああ、雪が降ってきた」というと「風花ですね」という人も多い。まだ冬の初めだという季節の確認も、おたがいにしているらしい様子もわかる。

だから「かざはな」の「かざ」は冬がきたことを示す寒風で、その鼻——先鋒だという意味もあるのだろう。もちろん「はな」は花でもある。風が送ってきた花片か、風が花となって散っているのか。イメージが美しい。

このように雪を花にたとえた例は、古く八世紀の『万葉集』（巻五）にもある。

わが園《その》に　梅の花散る　久方《ひさかた》の　天より雪の　流れくるかも

大伴旅人《おおとものたびと》

実際は梅の花が散るのだが、それを雪の流れだと表現した、『万葉集』中でも屈指の名歌である。

雪を風の花としたことと、花を雪としたこととにちがいはあるが、天上の雪と地上の花が風を媒体として交錯するところが快い。

ちなみに「菊後の花」ということばを言い添えておこう。春から始まった花々は秋の菊をもって終る。するともう花はないのかというと、もう一つある。それが「菊後の花」で、じつは雪のことだ。雪を花とみることは、ここにも共通する。美しい着想である。

# なごり

「なごり」は「波残り」のことだとされる。波が海岸に打ちよせ、また引いていく。その後に小さく残る波をさす。

こうした現象をとらえた最初は、何も抒情的な心情だったとは思えない。波がもたらし、引いてもなお後に残していく物、たとえば窪みに残された海藻とか小さな生き物とかへの注目が始まりであろう。

それを目ざして鳥も飛んでくるだろうし、人も集まってくる。

しかし、それは早ばやと海浜の美しい光景として人びとの目に映るようになったはずだ。

しかもそれを美しいと思う理由は、はからずも姿を現した物を海神の贈り物とし、「後に残された物」とした心の傾け方だったと思う。

だからこそ、波の残りは、すばやく実景を離れて、象徴的、比喩的に使われるようになった。

物にしても人にしても、立ち去っていった後に、なお残存するものすべてに「なごり」は及び、消えてもなお消え切らない物の存在を、たくさん言語化することとなった。多く「なごりの某《なにがし》」として。

「なごりの月」といえば満月をすぎた下弦の月が、もうすぐ明けようとする空に白く残っている状態である。

「なごりの雪」といえば、冬のさなかはとっくにすぎているのに、突然降った雪、まるで冬のすぎゆくのを惜しむかのように降る雪のことである。

こうなれば「なごり」は惜しまれるものとしか見られていないことになる。

あの波の引きざまだった原初を思い出すと、「なごり」はずいぶん長い旅路を辿ってしまったように思える。

それほどに人間は「なごり」を惜しむ生き物なのだ。美しい心だと思うと、その心の中にある、さーと引いていった波の後に、まだ濡れてきらきらと光る海岸線が見える。

# みおつくし

「みおつくし」(古くは「みをつくし」)は水中に立てて航路を示した標識のことである。いま大阪市のマークになっているものは、難波《なにわ》の港にあった「みをつくし」を記念してマークに残したものだ。

海中には目に見えない岩礁があり、海底の起伏があり、航行は思ったよりむつかしい。いっぺん海図を見てびっくりした。こんなに凸凹や潮流の変化があるとは、ついぞ思いもしなかったからである。

変な連想だが、空港のだだっ広いところでどう離着陸をコントロールするのだろうと思っていたら、ちゃんと地上に走行用の白線が引いてあった。これこそ「みをつくし」だといえる。何しろ港なのだから。

さてこの航行標識を「みおつくし」というのは「水脈《みお》を示す串《くし》」(「つ」は「の」と同じ)という意味だ。空港でこそ白線が引けるものの、海では引きようがない。串を立て上に三角形のしるしをつけた。

ただ、そんな水脈の標識が古典の中にとり入れられると「身を尽くす」意味に転用され、そちらの方でもっぱら愛用された。

「百人一首」にも「みおつくし」が恋に身を焦がす意味で二首にまで歌われている（二〇番、八八番）。

そのなかの一首（二〇番）は元良親王《もとよし》の、

わびぬれば　今はたおなじ　難波なる　みをつくしても　逢はむとぞ思ふ

で、親王が宇多の帝の后、褒子《ほうし》と恋愛した時の歌である。難波の「みおつくし」にかけて灼熱の恋心をよんだ。

そうした恋心を思い出してみるともう一つ海と空の他に、空漠としてどこをどう通ればよいのか、道のない世界がある。

人生である。

だから人生にも「みおつくし」がほしい。そう誰でも思うだろう。琵琶湖畔に生まれ育った作家、外村繁《とのむらしげる》は『澪標《みおつくし》』という題名の自伝小説をかいた。湖上の「みおつくし」を生涯に移し、彼自身の人生の「みおつくし」を描いたものである。

# こもりく

漢字では「隠国」と書く。山に囲まれて、隠《こも》りかくれているような地形のことである。

古くから大和（奈良県）の泊瀬《はつせ》が「隠り国の　泊瀬」といわれて、「こもりく」の代表のように思われている。

しかし日本では、土地のほとんどが山で、非居住地とよばれる土地が七〇パーセント近い。「こもりく」も多いはずで、たしかに多少山間に入りこんでみると、小さな「こもりく」がいっぱいある。

むしろ規模をどれほどにとるかで「こもりく」となるか否かがかわってくる。大和はあれほど広いにしても、一面から見れば「青垣　山ごもれる　大和」（『古事記』）だから「こもりく」とも言えるだろう。「こもりく」だから防備も固く、古代の王が拠点として選ぶのに、ふさわしかった。

しかし一方「こもりく」として成り立つ条件もある。最低限、水の自給自足が生活には必要である。そう思ってみると、小さな集落として長く歴史を保ってきた土地は、きまって水分山《みくまりやま》が水源として存在し、一定の生産が想像できる。

たとえば吉野は飛鳥から山並一つを距てた独立の小空間を、吉野川沿いにもつ。それほどの独立した地域が山の向こうにあることなど、飛鳥方面からは予想もできない。だから「こもりく」なのだが、大河の水の他にきちんと吉野の水分山もあり、水分の神が鎮座する。

「こもりく」とはこのように分立した小空間で、住民に満足をあたえ、外敵からも守られた、うるわしい国であった。

カール・ブッセの詩「山のあなた」(『海潮音』)ふうにいうと「こもりく」とは「山のあなたの空」の下にある、知られざるユートピアをさしたといえるだろう。

類似の「かくれ里」ということばもあるが、そちらはただ見えない所というだけで、完結性がない。満足度を欠くことばである。

# たたなづく

「たたなづく」とは山並が次つぎと重なりつづく様子である。「たた」とは畳《たたみ》の「たた」と同じことばだ。

一番有名なのはすでにあげた（68ページ）一首、古代の英雄、倭建命《やまとたけるのみこと》が大和（奈良県）を遠く望みながら詠んだ、

大和は　国のまほろば　たたなづく　青垣　山ごもれる　大和しうるはし

『古事記』

の「たたなづく」ではないか。

大和を青々とした垣根のように包む山が、畳み重なるような姿だというのである。縄文時代の人は山のあちこちに獲物や食糧を求めたし、何よりも防備に役立つ山を尊んだ。

そしてぐるりを山に囲まれた大和では、雷が多いし、山を越える雲の姿は美しく千変万化する。

すべて「たたなづく」山のおかげである。

ところが一方、古代の大歌人、柿本人麻呂は女性の柔らかな肉体を形容して、「たたなづく　柔膚《にぎはだ》」と歌う（『万葉集』巻三）。「たたなづく」が山並の姿だと心得ているとびっくりするが、山を女神とする信仰もあった。そしてなによりも、自然と人間を、ちがいを超えて普遍的に見ていた古代人の美の感覚がすばらしい。

人麻呂が歌った女性も、豊かで美しい肉体をもち、人びとを安心させる包容力をもっていたのだろう。なめらかな肌の輝き、しなやかな曲線、そうしたすべての造形が、人間と自然とを超えて人びとを感動させるのである。

モーパッサンに『脂肪の塊』と訳される小説がある。小説の女主人公は好色の相手としてさげすまれ、こうよばれた。「たたなづく」肉体の美しさと訳語の「脂肪の塊」とを比較してみると、いかに日本語のこの表現が、賛美と感動にみちているかが、よくわかる。

そして日本語にこのような美称のあることを知ると、「もの」を「こころ」でとらえようとする日本語の特性を、考えざるを得ない。

たたなづく

# うぶすな

「うぶすな」とは出生した土地のこと。漢字では「産土」と書くことが多い。

現代では「うぶすながみ」と使われるのがふつうだろうか。生まれた土地の神さまで、生まれたての赤子を「うぶすながみ」の宮参りに連れていく習慣は、今でもある。

ところで、出生の地のことを、なぜ「うぶすな」というのかは、推測の域を出ない。「うぶ」は産着《うぶぎ》、産湯《ゆ》、産声《こえ》とよく使われるように「誕生する」ことだろう。片や「誕生させる」ことを「うむ」というから「うぶ」は「うむ」と一対のことばにちがいない。

「すな」とは「聖なる土地」だろうか。「な」は土地の意味ではっきりしているし、「す」が「さ」とひとしいなら、聖地のことになる。

何しろ「うぶすな」は六世紀のことばだ。千四百年も、古語をよくぞ保存してきたものだと思う。この命を支えるものは、出生の地の重大視だ。

人間どこで生まれたかは大問題、今でもよく「お国は」などと故郷を話題にするのは、そのなごりである。

人間は大地に生まれ、大地に帰る。自分が帰属すべき大地を、しっかりと自分の中に位置づけることは、命の根幹の構造らしいと私は思う。

その信念の中で、改めて見直すと「うぶすな」ということばの重厚さ、神々しさは、まぎれもない。

しかも、先ほども「うぶすな」は「うぶすながみ」として使われることがふつうだろうといった。そのことを思うと、自分と神をつなぐ役割を果すのも「うぶすな」である。

とかく紙と木の建材によって、兎小屋とよばれる家に住むのが日本人だ。それなりのフットワークの軽さは近代日本の建設に大いに貢献した。

しかしその生活の中でも、心の根っこのところでは、それぞれの「うぶすな」を自覚していてほしい。

そうでないと人生も砂上の楼閣になる。

第二章

# 四季のことば

# わかみず

「若水」。元日の朝汲む最初の水のことを「わかみず」という。

私が幼いころは、家庭にも水道の他にまだまだ手押しの柄を上下させて水を地下から汲み出すポンプ式の井戸が多かった。

そこで元旦、十分明けきれていない闇の中で早ばやと井戸の水を汲む習慣があった。そんな時、父や母は「さあ、若水を汲んできなさい」と言ったものだ。なぜお正月の水が若水なのか、これは子ども心に長年ひっかかっていた疑問だった。いったい、水に若さや老齢があるとは。

しかし年をとるにつれて、疑問は少しずつとけていった。いやとけるばかりか、どんどん実感が体を包んでいった。新年の浄晨《じょうしん》、水も新年を迎えたばかりの、生命感にあふれた若さをもっている。

反対に月日を重ねていくと、水も年をとってくたびれてくる。大晦日の水などというと、くたびれ果てて、とろんと澱んでいる感じだ。

もちろんこの前提には、年が代わると歳をとるという、いわゆる数え年の考え方がある。昨今の満年齢だと、元旦の水が若いという実感がまるで湧かないだろう。しかしかりに満で歳を数えても、一方で一年一年の命というものも見つめていたい。だから水にも一年ごとの命があり、元旦の水は若いということも、考えてほしい。日本人はこうした水の、もっとも若い水を飲んで、みずみずしい命を与えていただこうと考えたのである。

この考えはすばらしいし、「わかみず」ということばの語感も、凛々《りり》しい。子どものころの「わかみず」は、まずは神棚や仏壇に供え、その上で全員が飲んだように記憶する。「今は井戸水は汲めないよ」などと言う前に水道の水でよいではないか。今度の正月こそ一杯の「わかみず」を飲もう。

わかみず

# いかのぼり

「いかのぼり」とは凧《たこ》のことである。

凧の歴史は意外に古く、十世紀の初めごろにはすでに中国から知識として輸入されていたらしいが、今日見るように風に乗せて空中を泳がせるようになったのは、江戸時代からのようだ。

一説には関東では「たこ」といい、関西、北陸では「いか」といったという。右にいった十世紀のころには鳶《とび》の形に紙を切ったというから、本来空中にいるはずの「とび」が海中の生物に代わった時、東西で「たこ」と「いか」に分かれたらしい。

両者とも尾をつけた姿から想像したものだが、遊び一つにも「たこ」だ「いか」だと東西で違いのあることは、日本文化のでき上がり上、興味深い。フランクリンが実験に使ったのも凧だったが、これもカイト（鳶）という。

ところで私は関東育ちだから「たこ」といいならわしてきたが、ある時「いかのぼり」の語に出会って、このことばに魅かれてしまった。といっても、ことばがよかったというより「いかのぼり」を使った俳句が、すばらしかったからである。

いかのぼり　昨日の空の　ありどころ　　与謝蕪村《ぶそん》

蕪村はいま虚空《こくう》を見上げているのだが、虚空には何もない。ただ昨日そこにあった凧の幻影が、くっきりと眼裏にやきつき、凧は微動だにしない。

虚空に存在を示す凧。その姿は姿を消した後も残りつづけるという、この象徴性に私は感動した。

動かないように見える凧が、じつは風にゆられ続けていることを歌った詩に、中村稔の「凧」という絶唱がある。この人生の姿にも似た凧を、蕪村は遠くから見ていたのだと思う。この二つの詩句に接して以来、私にとって「いかのぼり」はすばらしいことばとなった。

# したもえ

「下萌え」。春先、山や野に春の兆しが見え始めると、いち早く草々が芽を出す。これが「下萌え」である。

そこで私は、この「下」が気に入っている。何かに隠されて、ひそかに芽を出し始めるから「下」である。たとえ僅かな芽であっても何もない平面に芽を出すのであれば、すぐわかってしまう。「下萌え」とはいえない。

少なくともちょっと見には、枯れはてた草や鈍色《にびいろ》に沈んだ冬の樹木ばかりだのに、何かに隠されながら芽を出してくる芽。それが「下萌え」である。

だから「したもえ」には発見がともなう。まだまだ春は遠いと思っていたのに、芽に気づきすでに到来していた春に気づく、——そんな心躍りが「したもえ」にはある。

とくにそれが、願わしい季節の発見であるところが、すばらしい。人間、だれもふつうなら春を歓びの季節とするはずである。いままで死にたえていたような大地の、命の蘇《よみがえ》り。その発見なのだから快い。

そしてもう一つ。この季節の到来の仕方を「もえる」といった。草木の命の誕生と、火が燃えることとに、日本人は区別を設けなかったのである。

とかく現代人は漢字でものを考えたがる。だから火は燃える、草木は萌えるで、たまたま発音は同じだ、などと思いがちだが、それは順序が逆である。本来同一の現象と考えていたのに、中国の文字では区別するから、中国の習慣にしたがって書き分けるようになっただけだ。

草木は静かに、しかし同じように命を燃焼させているのである。

この逞しく確実な命の初動を発見した時の歓びが、「したもえ」ということばを作らせたのである。

# つらつらつばき

私など、椿《つばき》というと椿油を想像する。そして一方で、椿の花を思い出しては、この二つがどうしてもうまく結びつかず、子どものころからふしぎだった。

ところが少しずつ椿のことを知ってくると、二つがだんだん近づいてきた。日本語のルールを学んでみると、ラとバは交代するから「つばき」は「つらき」らしい。そして「つら」は「つるつる」の「つる」。滑るようになめらかな状態の擬態語である。ルとラが交代するのも日本語のルールだ。

つまりは椿とは「つるつるした木」であった。葉も常緑で厚く艶がある。幹も滑らかで固い。固くて中身がいっぱい詰まっていて、表面はつるつると光沢がある実。それをたたえた名前だったのである。

これなら椿油とも一致する。植物は本来実用を通して人間と親しくなったから、その通例に当てはまるのもうれしい。

いやいや、よび名がかりに油を採ることから発しても、この実のつややかさは美しいイメージをもって人びとに迎えられた。「あなたを椿のようにつらつらと見たい」という大伴家持《おおとものやかもち》のほめ歌が『万葉集』(巻二〇)にある。その上「つらつら」や「つばらか」という、じっくり、十分、という意味のことばとも連ねて使われる、めでたい仕儀となった。

こうなると人間の立ち姿全体が椿のように見えるのだろう。木全体が「つらつらの木」なのだから。

このりっぱな「つばき」の立ち姿を、まるで手拍子を打つように「つらつら椿」と唱えた賞賛(『万葉集』巻一)は、響きがよくて、口にする方も浮かれ気分になるし、聞いている方も耳に快くて、楽しい気分になったにちがいない。

植物のよび名の中に美しさを込めた命名も、そう多くはない。私たちもこれからあの木を、ツラツラツバキとよぼうではないか。

はる

# はる

多少海外生活を経験をしてみると、日本ほど程よく、しかもかなりな温度差をもって四季の展開する国は、そう多くはない。

四季があるといっても、年間の温度差がほんの二、三度という土地とは比べようもない変化を、日本の風土は見せる。一々衣服をかえ、エアコンを必要とする日本を人によっては住みにくいという。たしかに実用からするとそのとおりだが、この変化が貴重なのである。日本はみごとに、季節的《シーズナブル》な国だ。

さてその第一が「はる」。張、晴、墾、こんな漢字みんなに当てはまる季節が「はる」だ。どの字一つをとってみても、心地よく、伸びのびと、屈託がないではないか。木の芽も心もふくらみ、冬の間空を閉ざしていた雲も去り、冬田は一面に開墾される。これらの季節を日本人は「はる」とよんだ。

現代では夏服と冬服としか区別しないので、衣更《ころもがえ》というと夏冬の衣替をいうが、昔は「春衣《はるごろも》」ということばをさかんに口にした。冬の重い衣を脱いで、軽やかな春の衣服を着ることが、春の到来を実感する一つだったのである。手套《てぶくろ》を脱ぐ、という表現に、多少の名残りがあるだろうか。「はるごろも」も、復活したいことばである。

一面に山野が花におおわれるのも、日本の「はる」だ。日本は緯度差が大きいので地方にもよるが、「はる」は花が目まぐるしく咲き続ける。沈丁花《じんちょうげ》、椿、梅、桜、桃、山吹。藤が咲きはじめると、もう夏である。潅木では雪柳や連翹《れんぎょう》、金雀枝《えにしだ》が春を告げる。

これらに包まれて、「はる」ということばの語感も華やぐ。

春には心がうきうきする。実際に特別なホルモンが分泌されるのだと医学者から聞いた。こんなもろもろを抱いているから、「はる」ということばは大きい。

一方通行
出口
修二会行法中
境内での三脚の使用を
お断りします
東大寺
撮影禁止

おみずとり

# おみずとり

奈良、東大寺では毎年二月堂で修二会《しゅにえ》が行われる。その名のとおり国家の隆盛を祈る二月の行事だったが、今は暦の関係から三月に行われる。

その行事の一つに「おみずとり」があり、三月三日の払暁《ふつぎょう》二月堂の傍らの若狭《わかさ》井《い》から水を汲んで、仏前に供える。若々しい、清浄な水を仏にたてまつるのである。

ところがこの水は北陸の若狭の国から送られてくる水だという。いまの福井県からである。

初めてこの話をきく人は、わが耳を疑うにちがいない。あるいは「そんな馬鹿な」と思うかもしれないし、尊い話だと思うかもしれない。私もかつては、信じがたかった。

しかし一方当の若狭には、その前夜「お水送り」の行事がある。私も一度拝見したことがあるが、しんしんと冷える真夜中、僧衣の人や修験者姿の人らが集まり、仏前の回向《えこう》をした後に鵜《う》の瀬《せ》とよばれる川瀬から、浄水を二月堂へと流す。

私どものような世俗の者も、手に手に大松明をもって一行に従って鵜の瀬におもむく。夜の白じらと明けようとする気配が、行事の終りを告げる。

こうしてみると、若狭から二月堂のある大和まで、日本の国土の奥底深いところに太々と横たえられてきた大水脈が実在するのだという幻想が、まざまざと浮かび上がる。

いやむしろこの幻想こそ国土愛の信念のように思える。一方が「送る」一方が「取る」という、呼応する国土の息づかい。受けとるものは国土が湛《たた》える、みずみずしい命の若さである。

このような信念を連想させる「おみずとり」の語は大柄な美しいひびきをもつ。口ずさんでみると、若狭から大和まで夜を徹して流れつづける地下水の姿まで想像されるようである。

# ひこばえ

先だって京都北山にいった時、いくつかの杉の台木を見た。直径が一メートルほどになるには何十年かかるのだろう。毎年、そこからすっくと生い立った苗木と、それを産みつづけた母胎のような台木の、幾年にもわたる光景が想像された。

さて、この生い立った芽のことを「ひこばえ」という。「孫《ひこ》」として「生《は》え」出したものという意味である。それでいて「孫《ひこ》」は子孫も意味するから代々の子になる。いかにも年老いた台木といかにも若々しい芽吹きが、永久の歳月にわたる自然の命を象徴しているように思える。

子どものころ、「ひこばえ」の姿は驚異だった。まずは梅の「ひこばえ」。みごとな直立は、古来梅を愛した中国の文人たちの心をかいま見る思いがあった。「桜折る馬鹿、梅伐らぬ馬鹿」ということばがあるように、梅は伐りつづけるとみごとな屈曲の姿を見せる。それと「ひこばえ」の鮮やかな対照もある。

そして私は今、庭のくろがねもちの百年を超えるだろう台木から育つ「ひこばえ」

を愛している。大きな台木は部分部分で勢いのいい箇所とそうでない箇所がある。勢いのいい幹から出た「ひこばえ」は、青々とした葉をつけ、みずみずしく生長する。

この芽を見ながら、改めて孫とよんだ直感に私は感服する。とにかく人間なら、子しか産めない。しかし木は平気で孫を産む。

もちろんこれを、いや子孫じゃないよ、ただの芽だよということはたやすいが、それは実感ではない。

老木が若枝を産みつづけることの神秘。伐られてしまって、もう枯れたかに見えるところからの誕生の喜び。それを率直に表現したことばが「ひこばえ」だろう。自然の実態にあまり関心を払わなくなった現代人とちがって、深く自然に親しんだ古人《いにしえびと》は、孫が生まれるというふしぎを、そのままことばにしたと思われる。北原白秋なら「何事のふしぎなけれど」(「薔薇《ばら》」)というのだろうか。

# ささなき

うぐいすの、まだ幼いころの鳴き方を「ささなき」という。宛字で「笹鳴き」と書くこともあるが、しいて漢字で書けば「小小《ささ》鳴き」であろうか。日本語では小さなものに「ささ」を用い、大きなものに「さざ」を用いて区別を現わすルールがある。大小によって音に少々軽重をつけるという、巧みな方法である。

恋人どうしの愛には「ささやき」、会場一杯では「笑いさざめき」。「細波の」という「志賀」や「大津」の修飾語も「ささなみ」が正しい。

さて、この「ささ」を冠した鳴き方だからうぐいすも幼くて、鳴き方が不十分、すこししか鳴けないことと、よく合っている。

事実、春先のうぐいすは、ちち、ちち、ぐらいしか鳴けない。私はいま山麓に住んでいるから、うぐいすの始終を知りながら春を送るが、その段階ごとの鳴き方がほほえましい。

季語の「ささなき」は冬。まだ春以前である。うぐいすは冬の間は人里から遠く、春になると谷から出て来るとされる。人間は、その時から春だと思うことにしてきた。うぐいすを「春告げ鳥」といいならわして。

そのことは反対に人生の春を、うぐいすの鳴くことで象徴する考えも生んだ。冬の間、じっと冬の枯枝にとまって春を待っていたうぐいすが、いまは鳴くだろうかという、

百済野の　萩の古枝に　春待つと　居りしうぐひす　鳴きにけむかも
山部赤人《やまべのあかひと》

には、不遇の時をおえて、今花開く時を迎えたかという寓意がある（『万葉集』巻八）。

この経緯の中にも「ささなき」を想像することができる。

また古来日本人が「ほ、ほけきょ」とうぐいすの声を聞きとめたことも、人と鳥との歴史をしのばせる。人間の心の救済の基本仏典とされた法華経。それを唱えたり、仏前に詣でられない人も、この鳥の鳴き声で仏との結縁が許されたのである。

ふじなみ

# ふじなみ

「ふじ」（古くは「ふぢ」）とはよく見かけるフジの木。蔓性《つる》の木だから自立せず、他の木に巻きついて伸びる。そして房《ふさ》の長い花を垂らす。

とくに藤棚のような水平のものから垂れる花房は風にゆれ、ゆらゆらと美しい。それを波に喩《たと》えたことばが「ふじなみ」である。

こう言い現わしたのは『万葉集』（巻三ほか）までさかのぼるから千三百年の歴史があり、もう最初から「ふじなみ」を植物名と思っている人すらいるが、これはあくまでも詩的な表現である。

じつは私は平成六年、宮中のお歌会初めの召人《めしうど》をつとめた。お題は「波」。ふつうの波ではつまらないし、宮中の新春の歌で陛下にさし上げるのだから頌歌《オマージュ》にしたいと思ったので、「さくらなみ」という造語をした。

さくらは花房を垂らすわけではないが、風が吹くといっせいに花を散らす。落花を花吹雪ということもあるので、一陣の風に乗って花が舞い上がる様を想像した。

「さくらなみ」は「ふじなみ」の故知に倣《なら》ったものである。

さて「ふじ」も風によって花房に波を立てる。それを古代人はどう見ていたか。じつはゆり（百合）の花を「ゆり」というのは、ゆらゆら揺れるからである。この様子から「ゆり」は聖花とされた。また、幾つになっても物言わぬ皇子を、そのために、舟に乗せてゆらゆら揺らしたという記事が『古事記』（中巻）にある。同じように、揺れやまぬ「ふじ」は十分に聖なる花と考えられていたはずである。その上に「ふじ」は紫色の花をつける。紫は至極の色だから、高貴なるものの象徴とも考えられた。

こんなイメージを負って「ふじなみ」は口ぐちに発せられていっただろう。紫色に揺らぎ止まぬ花。その高貴さは「ふじなみ」という語感の中にまで込められているように思う。

# なつ

私たちは四季に馴れているから、古代ギリシャは三季でしたなどというと、いっせいにびっくりする。しかし三季には必然性がある。

そもそも一年を戸外で働く季節と働かない季節、つまり二季に分けることができる。その後者が冬だった。一方の働く季節がやや分化すると「春耕秋収」という中国の句になる。働く季節を二つに分けたのだから合計三季。かくして夏はもっとも遅く誕生した季節となる。

事実、種を播《ま》いて育て収穫するという習慣は、生活の基本だろう。その上に温度差もない土地なら、もう耕すと収穫するという人間の動作でしか区別できない。三季節が当然ともいえる。

ところがここに暑い気温をもち込んで夏を加えると四季になる。するとそれなりの緻密さと敏感さが見てとれて、すばらしい。

「なつ」とは、おそらく「あつ」（暑）と関係することばだろう。暖かい「はる」、爽やかな「あき」、その中間に、農作物が熟《う》れていく「なつ」を加えるとなると、作物への愛情のようなものまで、感じられるではないか。たしかに、播いただけでは収穫できないのだから。

さてこうして始まった「なつ」だから、この季節に人間も熟れていかなければならない。太陽がぎらぎらと照る炎天下では、かえって勉学にはげもう。今でも林間学校、夏期講習などをするのは、夏休み中といえども勉強しようというのではなく、暑い夏にはげむ学習なのである。仏教徒には「夏安居《げあんご》」という修行がある（本来は雨ごもりの意味がある）。

涼をとるための夕涼みや、風鈴、氷菓子なども、夏の風物詩として見られる。しかしこれらも夏の暑さに抗争しようとするものではない。むしろ暑さと共存し、その中での涼しい境地を産み出そうという心の調和の試みなのである。

それでこそ夏が人間をも成熟させるといえるだろう。「なつ」という単語はそんな領域を湛《たた》えて、日本人に大切にされてきた。

# やな

「やな」（梁）は魚が上下する川に仕掛けて魚を捕る道具のことである。梁にかかった魚は簀《す》の中に落ちる仕掛けになっている。

「やな」はずいぶん古くから発達していたらしく『万葉集』（巻三など）にすでに見える。同時に「鵜川を立て」ということばもあり、こちらは鵜を放って水中の鮎をとる漁法である。

鵜による漁法は中国南部から伝わったらしいから「やな」も併行して入ってきた漁法かもしれない。

考えてみれば残酷だが「やな」には風情があって、夏にさかんに魚をとる時より、季節はずれで「やな」の名残りが川に放置されているのを見ると、山間で出合った風物詩としてこころよい。

同じように流れの一部に網代りの造作をして魚をとる網代木《あじろぎ》とよばれるものがある。これは冬に仕掛けて、氷魚《ひお》をとる。

清少納言は『枕草子』で、春の網代木がすさまじい（不調和な）ものだといっているが、私の「やな」に対する印象はすさまじくはない。むしろ盛んに魚をとっている様より、森《しん》と静まりかえって余生を送っている「やな」の方が、自然の一部にはまっていてよい。

しかしこれも「やな」が比較的のどかな道具だからだろう。以前札幌の近くで、産卵のために溯上する鮭をとる装置を見た。川幅いっぱいに板を立てて溯上できる箇所を狭《せば》め、そこで水車ふうの車輪を廻すから、すべての鮭は水車の箱へ入れられ板の上に放り出される仕組みであった。眼を覆いたくなる残酷な仕掛であった。アメリカのインディアンの方法だと説明された。

そんな殺害の仕掛けはごめんだ。調和した共生もあろうのに。「やな」も風物詩となる仕掛けであってほしい。集中捕獲機などとは、ゆめ思わないでほしい。

# とこなつ

「とこなつ」とは「永遠の夏」という意味。「とこ」は「常」という漢字が当てられたせいで、同じ「常」を当てる「つね」と混同されかねない。「つね」はふつう、標準という意味だから、まったく別物である。

「とこ」は「とこしえ」（永遠）「とこよ」（永遠を極める年齢、また世界）のように、無限の時間をいう。

ちなみに「とこ」と仲間の「とき」（時）は時刻のこと。観念としての時間（とこ）と、現実的限定的な時刻（とき）の差がある。

さて、この「永遠の夏」という名でよばれる草花がある。

なでしこがそれだ。

あの可憐ななでしこが夏中咲きつづける、生命力旺盛な花だと、知っていただろうか。陰暦の夏は四月から六月、陽暦では五月から七月ごろに当る。

このことを知ってから何年もなでしこを観察しつづけてくると、たしかに陽暦でも四月にはもう見かけ、遅いのは十月にもまだある。それでこそなでしこ。秋の七草の一つでもある。

韓国ではなでしこの根や種子が薬になったり食料になったりするから、十分なでしこの滋養分を承知の上だろう。

もちろん開花の絶頂期は陰暦六月。だからこの月を「とこなつ月」と別称する。

さてそうなると、なでしことは強い花だということになる。

むかし日本の女性を大和撫子《やまとなでしこ》とよんだが、戦後は大いに嫌われた。従順で軟弱と考えられたからだ。おそらくこの印象は、撫子という文字や「なでる」ということばから来るものだろう。

しかし一方の「とこなつ」から考え、植物の生態や開花の実態から見れば、なでしこは花の美しい強靭な草なのだから、何も忌避することはない。

今後あの花を「とこなつ」とよぶことにするのは、いかがであろう。

とこなつ

# ひさご

「ひさご」とは「ひょうたん」（瓢箪）のことだ。別に「ふくべ」ともいう。たくさん名前のあることが輸入経路の多様さを示す場合がある。

そもそも海外のものが日本に入って来るルートは、海上の道、中国経由、韓国経由と、いろいろあるが、瓢箪がどのルートによるか目下正解はない。いつか瓢箪から駒が出るように答えが出るとよいが。

それはともかく、この植物ほど、珍重されて来たものも少ないだろう。実を二つに割れば杓子になる。全体をそのまま用いて、酒や水を入れることもできる。

中を空洞にすると絶対に沈まない。沈まない特性を利用して龍神に勝った男の話もある（『日本書紀』）。

また豊臣秀吉の千成瓢箪の旗指物《はたさしもの》も有名。機知に富んで人情の合間を縫って出世していった彼ならではの旗指物だといえよう。

近ごろおどろいたことに、瓢簞型のペットボトルが売り出された。まん中の凹部にひもをつけて、ぶらさげるようにしてある。昔ながらの容器は、ノスタルジーをよんで売行き上々だったろうか。

それほどに人間生活とつき合ってくれた瓢簞だが、古典では「ひさご」として親しまれてきた。

神話では、分水嶺にいる神様が「汲みひさご」をもっている。天つ水を汲んでは川に流すらしい（『古事記』上巻）。だから川の水は絶えない。

古代の女傑は海を渡って軍を進めた時、「ひさご」を船の廻りに浮かべて渡った（『古事記』中巻）。不沈のまじないである。

平安時代の『更級日記』には、東国の民謡が登場する。かめの上においた「ひさご」が風によって方向をかえるという。北風が吹くと南へなびくように。

風位計として軽い「ひさご」を使い、季節の変化も、それで知ったのである。

愛すべき「ひさご」。それでいてなまずもこれで押えるというのだから、すごい。

でてむし

# でむし

ふつう「かたつむり」（蝸牛）とよばれる虫は、ふしぎなことに、たくさんの別名をもつ。「まいまい」、「ででむし」、「まいまいつぶろ」。

「ででむし」は「でんでんむし」とも愛称されるが、そういうと、いっそう子どもっぽくて、虫自体も愛らしくなる。童謡にも「角だせ」と歌われるように「角よ、出よ出よ」というよびかけが、でんでん虫となったのだろう。

反対に、ちょっと触ったりすると急に身をちぢめてしまう。すると殻だけが印象づよくなり、渦巻きのふしぎな形が残る。

すると今度は、この虫に舞ってほしくなる。それが「まいまい」だ。「ででむし」同様に、こちらは「舞え舞え」というのだろう。

平安時代の終わりごろ流行した歌の中にも、かたつむりに舞え舞えとよびかけるものがあって（『梁塵秘抄《りょうじんひしょう》』）、美しく舞ったら「花の園まで遊ばせん」と歌う。

かたつむりが舞をまうはずはない。だからあの静かな虫が立ち上がって舞う姿ほど、幻想にみちたものは珍しい。

昔の人は、どうしてこれほどの幻想をしたのだろう。あの、大きな殻を背負って、緩慢にしか動けない姿に、わが身を見つけたのだろうか。

花ばなの咲き乱れる中で華麗に振舞いたい願望。にもかかわらずのろのろとしか世間を渡れない己《おの》れ。いやいや、舞えないどころではない。頭角を現わすことすらできないままに、一生を終えるだろうわが身。

そう思った時の、この虫に寄せる愛情は、一段と深いものがあるだろう。まいまい、ででむし、まいまいつぶろ、どうよんでも心がこもっているように感じるのは、無意識な愛情によるのではないか。天地がみずみずしい雨期にこの虫を見かけることからも、好感がつのるのだろう。

蝸牛庵《かぎゅうあん》とわが家をよんだのは明治の文豪幸田露伴だった。露伴は自分を「ででむし」と思ったのだろうか、「まいまい」と思ったのだろうか。

# あめんぼう

「あめんぼう」とは「雨の坊主」にちがいない。日本人は何でも甘えん坊、聞かん坊とよびならわすからその一つだろう。愛称である。

実物は御承知のとおり、水面に高い足をひろげ、すいすいと水上を走り廻るクモのような小動物だ。

多少ややこしいのは、同じように水上を泳ぎ廻る黒色のズングリ虫がいる。これはミズスマシだが、にもかかわらず「あめんぼう」の別名を「みずすまし」という。アメンボウであるミズスマシがいると同時に、アメンボウでないミズスマシがいるのだから、ちょっと厄介というところ。

いま話題としているのはクモのような「あめんぼう」のことだ。大きさは大きくても三センチほどだから、小さくて可愛い。しかも、「雨坊主」とは、雨が子どもに化けたと考えた証拠だ。それなら雨上がりの水溜りにもいてほしい。雨後の水面をたくさん動き廻る姿を見たい。

漢字では「水馬」と書く。これもまた楽しい。逆に「水馬」はなんと読むか、といったクイズはみんなおもしろがって考えるかもしれない。

「海馬ならタツノオトシゴだがナア」

「いや海馬は大脳の部分だよ」

などと話がはずんだ結果、あめんぼうとなると、生きていることが楽しくなりはしまいか。あんなに小さくて馬とは、大仰な気もするが、そういえば将棋の桂馬も似ているなと思うのは、私だけだろうか。とにかく、あのスイスイは気持ちいい。

別名のミズスマシは、これまた水をきれいにしてくれるような印象がある。じじつ小さな虫は食べるのだし、水面を動かすのだから浄化に貢献してくれているのだろう。

とにかくみているだけでも気持ちが爽やかになる、雨後の神さまの贈り物である。

# ひぐらし

もう今は蟬《せみ》も聞かなくなった人がいるという。恐ろしい時代になったが、昔は蟬の鳴き声が夏のシンボルだったし、蟬の声の変化で、夏の推移を知った。

夏中やかましく鳴き立てるのは、みんみん蟬。聞くだけでも暑さが倍加した。油《あぶら》蟬もそうだ。「じいじい」と鳴く声は夏休みとともにあった。

そしてふと気づくと「ひぐらし」が鳴いている。「みんみん」や「じいじい」に比べると「かなかな」と抑揚があって涼しくて美しい。いかにも秋が近づいたという気がした。俳句の季語では秋である。

もちろん秋が来たから鳴くのではない。いわゆる秋のころの気温、その中での光や温度の適切さによって生存するだけの話だから、この蟬を「ひぐらし」とよぶのは、日暮れや夜明けが生態にかなっていることを意味する。

抑揚があって涼しくて美しいといった鳴き声は、そのまま秋の訪れるころの自然の状況だし、さらに光の透明な秋こそ、この蟬の持ち味にかなっている。

油蝉やみんみん蝉と、大分ちがう持ち味である。

しかもこの蝉を「ひぐらし」つまり「日を暗くする」とよぶのは、まるで彼を時計の管理者だと、いわんばかりである。昔の人が自然の生態を暦代り、時計代りにしたことは言うまでもないが、さらに進んで時間を進行させる役目まで負わせているようで、ほほえましい。

「ひぐらし」の歴史は古い。早ばやと『万葉集』（巻十五）から。故郷へ残してきた妻の許へ心急ぐ旅人の歌の中に登場する。近代の詩人、三好達治にも、もうひぐらしが鳴くから南へ帰ろうと、つばめたちが会話をしている「燕《つばめ》」という詩がある。美しい詩だが「ひぐらし」でこそ、帰心をそそる詩のことばになれる。

あき

# あき

「あき」とは、十分満足する意味の「飽《あ》き」と同語だと思われる。やや気むずかしく、「いや秋と飽きは大昔は音韻が別だった」という人がいるかもしれないが、これも音韻の区別ではなく、発音上の変化があった程度である。区別したとしても仲間ことばだ。

だからこの季節が収穫の豊かさと直結していることは、いうまでもない。一年の中でも、もっとも大切な季節だ。

年という漢字は稔《みの》りを示す。また「千載一遇のチャンス」のように年を載ともいう。これも年に一回、収穫物を車に載せるからだ。

稔りの秋には野山にさまざまな色どりがあふれる。ヨーロッパ人ならたわわに垂れる葡萄を連想するだろうが、日本ではついこの間まで柿が果物の王者だったから、その枝を思い出すだろう。

山もまた、真赤な葉や黄色い葉に埋まる。極彩の自然が身のまわりに広がる。

日本人は昔から秋祭りをして、神さまに感謝する習慣をもちつづけてきた。新しい穀物も、まず神さまへの御礼としてお供えをする。

人間ひとりひとりも、それぞれの心の中に、豊かで華やかな収穫をもちたい。これまでどれぐらい本を読んで賢くなったか。どれぐらい作業の目標を達成したか。健康の回復はどうか、などなど、思いつくだけでもいっぱいある。

一時、思秋期ということばが流行った。思春期の裏がえしで熟年の恋をいうらしいが、秋はけして、うら寂しい季節ではない。

冷たい時雨が降ると秋も寂しい風景となるが、これは時雨が秋を冬にかえようとしているからにすぎない。

秋は明るい。

「あき」と口にしただけでも天高く晴ればれとした気分になるではないか。

# あきつ

トンボは古く「あきつ」（蜻蛉）といった。「あきづ」ともいう。「あきつ」とは「秋の物」といった程度の意味だろう。秋になるとよく目につく昆虫だからだ。

トンボというと今は夏休みの虫とりを連想するかもしれないが、とくに赤トンボは、秋が近づくと空に見かけるようになる。俳句では秋の季語である。

じつは季語についてちょっと知っておいてほしいことがある。たとえば「夜寒《よさむ》」は秋の季語。だれが考えても夜の寒いのは冬だろう。ところが急に夜の寒さを感じるのは秋も深まったころで、実感からいえば秋の夜になる。

「夜長《よなが》」も秋、「日長《ひなが》」は春、みな同じである。機械的な日割り計算をせずに、実感で季節のことばを決めているところに季語のすばらしさがある。

秋は収穫の季節である。だからトンボは収穫を象徴する動物とも考えられ、古くは大切な虫とされて、銅鐸《どうたく》の模様にも登場した。

もちろん害虫を食べてくれるから人間にとってはありがたい動物だった。むかし、雄略《ゆうりやく》天皇の腕にとまったアブを「あきつ」がすぐに食べたという天皇賛歌があるほどだ（『古事記』）。

また赤トンボの仲間を「精霊蜻蛉《しょうりょうとんぼ》」という。お盆の魂祭り——精霊祭りのころに現われるからである。

いや私などは子どものころから、あの赤トンボを精霊そのものと教えられてきた。たくさんの祖先たちが赤トンボとなって帰ってくる、その姿だと。

日本人は長い歴史を通して、トンボを収穫の秋、精霊となって帰る故人として大切にしてきたことになる。なにしろ「あきつ」——「秋の物」として必ず現われるという篤《あつ》い篤い信仰のなかで。

そういえばとくに赤トンボの姿の中には、何か神秘なイメージもあるではないか。

# きぬかつぎ

あの、ころころした里芋の子を「きぬかつぎ」とよぶとは、いつ考えても、何度思い浮かべてみても、うれしい。

衣で全体がすっぽり蔽《おお》われている。子芋だから、まだ産着《うぶぎ》にくるまっている様子なのだ。

もちろん衣つまり皮は食べない。だからあらかじめ剥《む》いて茹《ゆ》でてもいいのに、皮のまま茹でる。その時に塩をふりかける。そして食べる時に剥く。

そこで少々私事《わたくしごと》を言わせてもらうと、塩味は皮にこそあれ、中味にはない。折角おいしい塩味を皮のまま捨てるのは、子どものころ何とも残念だったが、みなさんはどうだったろう。

最近は塩分を取りすぎるからこれでいいのだ、などと講釈されて仕方なく納得しているが、人間、健康のために食べるのではなくて、おいしいから食べるのですよね。

しかし、皮のまままるごと調理してこそ「きぬかつぎ」だから、皮ごしのほんのりとした塩味がよいのでしょうね。

それはともかく、皮を剥くところっと出てくる芋のねっとりしたおいしさ。

とくに里芋は「芋名月」などといって里芋をお月さまに供えて月見をする習慣があるから、日本人にとっていちばんなつかしい芋だ。山や野のイメージをふんだんに持っていて、おふくろの味でもある。

「きぬかつぎ」も「芋名月」も俳句の季語にとり入れられていて、秋。

ところで重大なことがある。「きぬかつぎ」はじつは「きぬかずき」（古くは「きぬかづき」）が正しい。「かつぎ」は物を担《かつ》ぐこと、「かづき」は被《かぶ》ることで、あの子芋は皮をかぶっているのだから。

しかも昔、頭から衣をかぶる「衣被《きぬかづ》き」という女性の服装があった。それを連想した名なのだからゆかしい。

これからは正しく「きぬかずき」と言おうではないか。

# はなすすき

現代では朝顔の花とか、百合の花とかと植物の名をあげた後に花というが、古代には花を上につけることがあった。

今の植物でいうと「はなあさがお」とか「はなゆり」のように。

私はこの表現をすばらしいと思うので、どこの教室でも「みなさん、花屋さんへ行って『ばらの花を下さい』とはいわず、『花ばらを下さい』といいましょうね」といってきた。

ことばとして、この方がよほど美しいではないか。

だからこれを読んだ読者のみなさんも、今日から早速実行して下さい。美しいことばを発すると、人格そのものが美しくなります。

さてそのひとつに「はなすすき」がある。花をつけたすすきのことだ。

いや、すすきに花があることに気づいていない人もいるかもしれない。しかし小さい小さい花が、すすきの一本一本の穂にちりばめられたようについている。遠くから見ると初々しく赤みをおびているすすき、それが花の咲いている証拠だ。穂が秋の深まりとともに白くなり、呆《ほう》けて散っていって、枯れすすきとなる。だからすすきに近づいて小さな花を発見することは楽しい。しかもそれを「はなすすき」というのだから、「はなしょうぶ」や「はなつばき」より、もっとことばが美しい。

じつは、すすきは古く「をばな」ともいった。長く出た穂が動物の尾のようだから、尾の花というので「をばな」といったのである。この場合には、尾として一括してしまったけれども、「はなすすき」はすすきを花として扱った名前である。「すすき」は幹や葉の出方が鋭く直立する様子から名づけられたものであろう。昔はすすきで屋根を葺いたから、材料としては「すすき」の方がふさわしい見方だった。

これに対して秋の七草の一つとしては「をばな」で登場する。『万葉集』(巻十)では、はぎと人気を二分するほどに持てはやされた花であった。

# ひからくよう

「ひからくよう」は漢字の熟語「飛花落葉」のことである。飛び散る花、これは主としてさくらの落花をイメージするものだろう。そして降りしきる落葉、これは落葉樹もろもろを含むものであろう。

前者は春、後者は秋だが風景としては同一のものをさしている。だから、飛落する姿そのものを見つめようとすることばだ。

自然の命が隆盛する夏と命が沈静する冬のはざまで、命の様態をかえるひとしきりの変動がある。そのことを、このことばは主張する。

日本の古代人は、この変動を重要視した。飛び舞う花はまぎらわしく、その中にまぎれ込むと殺されてしまう。そう考えたのが大伴家持（『万葉集』巻十七）であり、近代人では坂口安吾がそれに共鳴した（『桜の森の満開の下』）。

落葉も同じく人の命を危くする。紅葉にまぎれて秋山に入ったまま帰って来なかった妻を悲しんだのが柿本人麻呂だった。われわれでも落葉に死への誘いを感じる人は多いだろう。こちらもしきりな落葉に幻惑されてしまうのである。

とかく、「まぎれ」「まがい」を危険なものとする伝統は長く重い。その上で平安時代は恋愛のことを「もののまぎれ」といったことも大事ではないか。

人間は精神の錯乱によって恋に落ちると平安朝の人びとは考えた。

しかし私がすさまじい落葉を感じたのは、皮肉にもアメリカにいる時だった。街路樹が風にあおられて、身もだえするように葉を吹きちぎられ、路上にはうずたかい落葉が堆積する。

ああ「飛花落葉」と思わず私は呟いた。

四字の熟語としてこれを重視したのは室町時代の連歌師だったが、実体はさらに古くから注目されていたし、場所も日本だけのことではないのである。

ふゆ

うすらひ

# ふゆ

「ふゆ」は冷えるの古語「ひゆ」と同じことばなのだろう。たしかに冬はしんしんと冷えて、寒さこそ冬の最大の特徴と思われる。

それにしてもどうして冷たくなることを「ひゆ」と言うのか。

人間は冬、寒くてガタガタ体が震《ふる》えてとまらない。日本人は何事によらず、震えることを「ふる」といった。地震は「なゐふる」。時計には振子《ふりこ》がある。体の震えも「ふる」。自然に震えれば「ふゆ」。

この「ふゆ」が冬なのだろう。そして体の震えの方は「ふ」を「ひ」にかえて「ひゆ」といったのではないか。

「ふゆ」は、そんなマイナスイメージで覆われている。気温は低い、冷たい雨はびしょびしょ降る。風景は暗い。日照時間も短い。いいことは一つもなさそうである。

しかし、それが「ふゆ」の属性なのだから、徹底的に「ふゆ」らしいのがいい。

「ふゆごもり」とは冬自体が姿を隠すこともいうが、人びとも冬は家にこもっていてあまり外へ出ない。これも「ふゆごもり」という。

そうなると心は勢い自分の内がわに向かい、日ごろ忙しくてとりまぎれていたことにも、気づくようになる。

本を読む気にもなる。冬の親友は炬燵《こたつ》か暖爐《だんろ》。折しも長い夜を読書したり、たまには書道でもしてみようと思ったり、長い手紙を友人に書いたりする気にならないだろうか。

こんな習慣から、「ふゆ」ということばはやや重く感じられるが、しかしどっしりともしていて、重量感には王者の風格がある。安心して寄りかかれる、頼もしき友でもある。

# うすらひ

いま、明日香村の中央に飛鳥の宮の伝承地がある。七世紀の後半、舒明《じょめい》天皇から天武天皇まで、中断はあったが歴代の皇居がおかれた所である。

とくにその中の井戸が有名で、現在は井戸そのものは埋め戻されたが、該当する地上に模造の井戸構えがつくってあって、観光客で賑わっている。

ところで、この井戸が三十年も前に発見された時、ちょうど私は近くの橘寺《たちばなでら》に泊っていた。ニュースをきいて早朝、発掘現場にいったことは、言うまでもない。

いま千年を経て出現した井戸の水面。その表面は一面に薄い氷でおおわれていた。薄氷《うすらひ》である。とっさに、このことばが浮かび上ってきた。「ああ、うすらひだ」、私は思わず呟いた。

「うすらひ」というと、私はいつもこの時の光景を思い出す。それは、もちろん経験自体が感動的だったことによるが、のみならず、うっすらと一面に張られていた、頼りなげでしかし厳《きび》しい、冬の到来を告げる表情によるものであることは、言うまでもない。

子どものころは、よく玄関の横におかれた水甕《みずがめ》の表面に、「うすらひ」があった。手にとるとすぐ壊れた。それほどの氷だから、うとましい寒さはまだ来ていない。初冬のむしろ快い寒気の中で出合うことも、「うすらひ」の美しさを助長しているだろう。

語感もいい。同じ氷を「薄氷《はくひょう》を踏む思いだ」といったらどうだろう。スケート場では「薄氷区域」は滑走禁止のはずだ。

そんな時、うすらひを踏むとも、うすらひ禁止とも、いわない。反対に遺構に感動したり、氷がまだ珍しい頃に季節の姿を喜んだりする時にこそ、「うすらひ」はふさわしい。

とくに「ら」の音がこころよい。「うすひ」といってもいいはずだが、そちらがさっぱり使われないのも、「ら」の軽やかで滑らかな響きのおかげにちがいない。

# きつねび

きつね（狐）が日本人に愛されることは、動物のなかで一、二を争うのではないだろうか。

油揚《あぶらあげ》が一枚入っているばっかりに、「きつねそば」と呼ばれたり、流れ矢のことを「きつね矢」といわれれば、きつねもきっと迷惑がっているにちがいない。

その一つに「きつねび」がある。きつねが口から火を出すのだという。しかも俳句ではまことしやかに冬の季語におさまっている。

この火は、燐《りん》がもえる火を想像したものらしい。昔は墓地で人魂が青く光るといいならわした。これは骨の中の燐が燃えるのだと説明される。同じようにきつねが骨を噛むから燐がもえて、口から火を吐くそうな。

こうなると、きつねが人を化かすのか、人がきつねを化かすのか、わからなくなる。たぶん、人間がきつねをダシにして、うそばかりついているのだろう。

「きつねび」には別の言い方もたくさんある。「きつねのちょうちん」ともいう。

火が点々とつづく様子を想像したものだ。

その連続を、嫁入り行列に見立てることもあった。「きつねのよめいり」は「きつねび」の行列をいうらしい。

しかし「きつねのよめいり」といえば日照り雨のことだ。夜の怪しい火である「きつねび」とは矛盾する。それともきつねが月夜に雨を降らせるというのか。その中をきつねが口から火を出して、提灯がわりに嫁入りの行列を組んでいるというのなら、ずいぶん手が込んでいる。

人間、きつねを素材に物語を作るのが大好きなのだろう。

しかも冬だ。よけい背筋が寒くなる。その上に悪乗りした大俳人もいる。

狐火や　髑髏《どくろ》に雨の　たまる夜に　　与謝蕪村《ぶそん》

「きつねび」という空想語は、これほど人間を遊ばせる造語だったのである。オレも一句作ってみたい、とみな思うのではないか。

いさりび

# いさりび

夜の海上に点々とつらなる漁船のあかり。日本人ならたくさんの人の心にやきついている、なつかしい景色ではないか。

この漁船のあかりを「いさりび」という。「漁《いさ》り火《び》」である。

空中撮影による日本の夜景では、この漁船の火が特徴だという。日本の象徴といってもよい。

ところで漁をする「いさる」は、「あさる」とじつは同じことばなのだ。がっかりするかもしれないが、動物は餌を「あさる」、人間は獲物を「いさる」と区別したところに日本語のめでたさがある。

人間が大漁だと喜んでいる時に、魚たちはお葬式をしているという金子みすゞの詩（「大漁」）を見てしゅんとなった経験がある。そのことの自覚が「あさる」のではない「いさる」であろう。

「いさりび」といえば、私には夜のいか釣り船がまっさきに浮かぶ。

何年か前、日本海のほとりの安い民宿に泊ったことがあった。その時宿の女主人が鍋を出してくれ、箸でつつきながら問わず語りに身の上を喋り出した。

「主人はいか釣り船の漁師だったが、ある夜、船から転落して亡くなってしまった。その後細々と民宿をして一人息子を育ててきたが、二度とこんな悲しい目に遭わせたくないから、息子を何とか高校へやり、ふつうのサラリーマンになってほしいと願ってきたのに、やはりお父さんの後をつぐといってきかない。今は家を離れて修業しています」

母親の気持ちも自然なら、息子の気持ちもよくわかる。人生とはこのようなかけちがいの中でいのちの模様を織りなしていくのだろう。

その後「いさりび」を見るたびに、この女の皺だった手を思い出す。点々と細々と暗闇の中に見える火は、一個一個、かぼそい人間の僅かなあかりにも思える。「いさりび」ということばの美しさもそのせいだろうか。

# 第三章

# 人と心のことば

# あらたま

「あらたま」の「あら」は漢字で書くと荒、粗、新となる。どれも正しい。もっといえば「あら」は「生《あ》る」「在《あ》る」とも同じことばだ。「改《あらた》まる」も「洗《あら》う」も同類、つまり日本人は次のようなことを考えたのである。

物が誕生すると一つの存在となる。もしこの存在に変更が起こった時、生命は更新される。

ところで生まれたての物は何によらず粗雑で荒あらしい。やがて物は古くなる。しかし洗うと物は蘇生する。それが「洗う」である。

われわれはこの「存在」の哲学をしっかり受けとめないと日本人にしてもらえない。

さてそのような生命にやどる魂が「あらたま」であり、魂の目に見える形は玉や珠（二つの区別は山でとれるか海でとれるか）とひとしい。魂はハート形だと思い込んでいたろうか、珠玉形だったのである。この円《つぶ》らなまどかな美しい形、それが魂であった。

魂は成熟することもある。これを和魂《にきたま》という。しかもわれわれは両方の魂をもつと考えた。戦うときは荒魂、協調のときは和魂が働く。

ところで年《とし》というものは、この新魂をもって一年周期でやって来た。だから「あらたまの年」という表現ができた。「とし」とは収穫を意味する。一回の新魂は一回の収穫をもたらして、次の収穫の新魂と交代する。

古代日本人はそう考えた。が、じつはルーマニアの宗教学者、エリアーデの報告(『永遠回帰の神話』)によると、アフリカの人たちも同じ考えをもつ。彼らも年が新しい魂をもってやって来ると考えるのである。

この柔軟で敬虔な霊魂観は日本人のすばらしい持ち物だと思うし、それがアフリカにまで普遍性をもつことも、うれしいではないか。語感もいい。

# たまのお

『小倉百人一首』の効果は絶大で、私も「たまのお」（古くは「たまのを」）に最初に接したのは、その中の一首だった。

たまのをよ　たえなばたえね　ながらへば　忍ぶることの　弱りもぞする

式子《しょくし》内親王

しかし「たまのお」が命だと教えられても、理解するのに何十年もかかった。

要するに「たま」は魂。魂は永遠に続くもので、古来日本語では永続するものを「〜のを」といったから、「たまのを」とは永続する魂のことだ。

ところで「たましひ」は命の中心。だから「たま」は命のことになり、永続する命を「たまのを」といった。

これではさすがに小学生にはわからないだろうと、いま苦笑するばかりだ。

しかしわかってみると「たまのお」ということばはすばらしい。第一に命の中心は魂だという認定がいい。肉体は仮の物だ。だから魂が人体から離れる（これを

「離《か》れる」（といった）と、死が訪れる。花の命が枯《か》れて終るのと同じである。

ちなみに魂は肉体を離れた後でどうなるのか。古来鳥になると考えられてきた。そのことを小学生に話したら「鳥は死ぬと何になるのですか」という質問があった。

鳥は死んだら風になる。

そのようにして、魂は永続する。そして風の最後までがその人の「いのち」であることも、注意してほしい。

肉体と「いのち」は別物。肉体は魂が離れた時、空無の「なきがら」となり、死という肉体の変化の中で姿を消す。それに対して魂こそ「いのち」であり、鳥となり風となり、ふたたび肉体を得て宿る過程が「いのち」だったのである。

直《ただ》に逢ひて　見てばのみこそ　たまきはる　いのちに向かふ　わが恋やまめ
中臣女郎《なかとみのいらつめ》

という『万葉集』（巻四）の歌もある。「いのち」の果てまで愛するという自覚の歌だ。

# おもかげ

「亡くなった人の面影《おもかげ》がしのばれる」というと、故人の姿が目に見えることである。しかし「おもかげ」を姿といってしまうと、ことばのニュアンスはまったく変る。

そもそも「おも」とは主要な面《めん》、その人を代表するものであろうし、「おもて」とは顔に重点をおいた存在のすべてなのだろう。よく時代劇で「苦しうない。おもてをあげよ」などという。「おもて」を伏せているのは恭順のしるし、「おもて」をあげてよいとは、対面する資格をあたえることだから、ここでも「おもて」において、人間としての地位が問題にされている。

そして「おもかげ」の「かげ」は輝きのことだ(14ページ)。「かげ」は「かげを落す」といえば影法師のことだし「月かげ」といえば光のことだし、正反対の意味があってよくわからないと言う人もいるが、光は明滅してこそ光である。光の明は「月かげ」、光の滅が影法師。

そこで「おもかげ」とは、その人その物の代表的なものが輝く状態をいうことになる。

これでは「おもかげ」は忘れられないはずだ。人間、「憎っくきおもかげ」とは言わない。

そんな「おもかげ」はあるはずがない。考えてみても、憎い奴には「あいつのつらを思い出すとむかむかする」としか言わない。反対に「おもかげ」と言えばなつかしがったり、いとしかったりするではないか。

「おもかげ」の前提には愛がある。

こうしてみると、ことばには深く心情が結びついていることがわかる。しかし反面、それを無意識のままにことばを使っていることもわかる。

だからこそ、美しかったり快かったりすることばは、考えると必ず、美しさや快さの根拠をもっている。

それをよく弁《わきま》えて使うと、ことばは大活躍してくれることになる。

おもかげ

# うつせみ

「うつせみ」は「うつしみ」ともいい、「現し身《うつ》」、現実に生きている体のことだと説明される。

ただ少しうるさいことを言わせてもらうと、「み」ということばには古くは二とおりの発音の仕方があって、「うつせみ」の時の「み」は身を意味する発音ではない。身ではなくて何だといえば「見る」時の「み」だ。

「見る」とは経験することで、「現実に経験すること」が古代語の「うつせみ」だという説明が正しい。

片方の「うつせ」(「うつし」)にも説明がいる。現《うつつ》ということばがあるように、「うつせ」は現実のことでありながら、「うつ」は「写す」「移す」と移動やコピーも含む。これまた面倒な議論のようだが、日本人は本来、移動してもコピーにしても、いささかも変らずつねに一つひとつが現実だと考えたのである。

どうも古代人の現実は形式的に「みそぎ」をしたからハイオワリといったもので

はないらしい。徹底的に、どこまでも自己にくっついてくる自分自身、これが「うつせみ」だった。現代人の印象を相当改めて理解する必要がある。

だからこそ「うつせみ」が『源氏物語』などで「空蟬」と字を当てて、はかないもののように代えられていくのは、仏教の影響があるとはいえ、少し残念である。

いや仏教だって世間虚仮《こけ》と悟らせて生きる勇気と心の安らぎを得させたのだから、結局は現実の自分をいかに充足させられるかに問題は戻る。

とくに現代は、心が安定しない。自分が何者なのか、わかっていない。

そんな世の中では逆に本来の「うつせみ」を認識しなおして、気負いのない自分の経験を深めていくことが必要だろう。

「うつせみ」ということばと、それにともなう覚悟を大切にしたい。

# いにしえ

漢字では「古」と書く。古くは「いにしへ」と言った。

同じような内容のことばに「むかし」があり、二つはどうちがうのだろうと、長いこと考えて来た。

そこで勝手に考えたのだが「いにしへ」と同類の構造をもつことばに「とこしへ」がある。一往「いに」は「去《い》ぬ」で遠い過去へ去っていくという意味が見てとれ、「とこ」も別に書いたように（110ページ）永遠という意味内容をもつ。それに「しへ」がつくのだから、これは並のことばではあるまい。「たましひ」も同じ。

そもそも「そこ」（底）に「そこひ」と「ひ」がつくといっそうの深奥が感じられるのと同じで、これらにはすべて神秘感がまといついている。

つまりは「いにしへ」とは、遥けき過去、時間が去っていった彼方を畏怖の念をもっていうことばではないのか。

これに対して「むかし」は神秘感など、まったく湧かない。明解に時点を指示するらしい。

東は「ひがし」西は「にし」。「むかし」はむしろこれらと縁組させた方が理解しやすくはないか。時間と空間は一体化するのが世界の通例だから、東、西というのと同様に、ずばりそのものの過去が「むかし」だろうか。

すると「いにしへ」とのちがいもはっきりする。何でもよい、過去の一点を指示する「むかし」に対して、時間を無限に登りつめた果《はて》が「いにしへ」だろう。

これは「とこ」が時間、「とき」が時刻をいうのと同じ構造である。

そう思って、私は晴れ晴れと「いにしへ」の神秘感の前にひれ伏す。「むかし」のことは存外にわかるのだが、「いにしへ」を知ることは不可能なのだろう。

ブラックホールに吸い込まれていった果への省察が、古代人からもう始まっていたのかもしれない。

# かおり

古くは「かをり」と書いた。ものの匂《にお》いのことである。だから、「かおり」と「におい」はどうちがうのだろうと、疑問をもつ。

そもそも「かおり」とは「香《か》・醸《お》り」のことだ。「か」は何となく漂う気のことで、中国語の気が輸入されて「き」とも「け」とも発音された。

「をり」はお酒が醸造されるにしたがって次第に芳醇《ほうじゅん》になること。何となく漂っているものの、芳醇な匂いを指して「かおり」といったらしい。

だから人格の「かおり」が感じられるといえば、もう最上のほめことばではないか。

一方の「におい」は古くは「にほひ」と書き、本来赤土を意味した「に」(丹)の、赤い色が顕《た》ち現われてくること、「に」が秀《ほ》として目立つ様子を言った。

したがってこちらは色をいったのだが、やがて「におい」は漂ってくるものすべてに用い、香も顕著になれば「におう」というようになる。そこで結果として「かおり」と近似するようになった。

ちなみに「匂」という漢字は本来ひびきを意味する「匀」にまねて日本で作った字（国字）である。日本製だが、「におい」が響きとして伝わってくるとは、これまたすばらしい解釈である。

人格（ｐｅｒｓｏｎ）とはその人を通して響く音色をさす。これが西欧の考えだから、事情は日本でもひとしい。しかもそれを人格の華やぎとして理解したのが「におい」ということばだった。これまたすばらしい。芳醇な人格の漂いと、人格から発せられる華やぎと、内容はちがうがすばらしさは一致する。よく「かおり」はいい匂い、「におい」は悪い臭いなどと説明するのを見かけるが、そう勝手にきめられては困る。

しあわせなことに「かおり」が後々まで純粋に使われてきただけの話である。

たつ

# たつ

日常茶飯のように使われる「たつ」とは、どんな意味なのだろう。「立ちなさい」といわれると、正しくはどうすればよいのか。

「聴衆がどよめき立った」「彼は殺気立った」「腹が立って仕方ない」「面影にたち来る故人」、どこにも起立する要素はない。

「どよめき立つ」とか「殺気立つ」のように、「たつ」を添えていうときは、勢いを添えることで、どよめいたり、殺さんばかりの気分になったりするのが「たつ」らしい。

一方、「腹がたつ」など「たつ」だけでいう時は、腹の中が収らない、煮えくり返るような状態である。ちなみに日本語本来の「はら」は「こころ」だときめていい。憤懣《ふんまん》の心を「腹が立つ」という。だからこの「たつ」は穏やかだったものが勢いづくことである。

そうなると「面影にたつ」はわかりやすい。今まで穏やかに姿を隠していたものが、急に勢いづいて、具体的な姿となって現われてきたのである。

この場合、漢字でいえば「顕《た》つ」と書くのが適当だろう。すでに「生《あ》る」ことが「在《あ》る」ことだと述べた(150ページ)。今も、勢いによって生まれたから、存在したことになる。

おそらく日本語の「たつ」は、漢字の「顕」に一番近いのではないだろうか。「たつ」以前は見えず、「たつ」ことで現《あら》われる(「あらわれる」の「あら」は「生《あ》る」と同じ)、そういう物の存在を前提として誕生したことばが「たつ」であろう。

「さあ、お立ちください」と言われた瞬間に、このことを思い出してほしい。「いま、おれは勢いよく姿形をとるのだ」と思いながら、すっくと堂々と、そしてみずみずしく起立しなければ、「たつ」ことにはならない。

幼稚園のボクが「立ちなさい」と園長先生から言われた時、母親のあなたは「ボク、元気に立とうね」と声をかけてやらなければならない。

# うばたま

「うばたま」はいまカラスオオギとよばれる植物のことである。「ぬばたま」と発音されることもある。早ばやと『古事記』(上巻)から登場し、とくに夜を修飾することばとして愛用された。

カラスオオギという植物が、どうして夜の修飾になるのだろう。

じつはカラスオオギは扇《おうぎ》を広げたように葉と葉を平たく広げ、その枝の先に赤い花をつけるが、秋、実をとってみると、まっ黒でころころした、三、四ミリほどのものだ。

その漆黒のうるしで塗り固めたような小粒子は、まるで黒い玉、黒い魂のように見える。だから「うばたま」を黒玉、烏玉と書くばあいもある。カラスオオギというカラスも、実の烏色から来ている。

つまり植物そのものが、実の神秘性から名づけられているのである。それほどに黒い魂さながらの実は古代人に尊ばれた。

となると「うばたま」は暗黒の神秘の象徴と見られる。あれは夜の魂ではないか、と。

じじつ『古事記』の歌の中には、夜になることを「ぬばたまの　夜《よ》は出でなむ」(上巻)とある。「夜が出てくる」と夜は生き物の扱いだ。その魂として野の草の中に宿っているものが、カラスオオギの実だったのである。

太古の夜は何の人工の灯りもない。どれほどか、畏れと平安への祈りにみちていたことか。その魂のかけらを、彼らは「うばたま」に想像した。

西欧ではタンポポを太陽のかけらだという。「うばたま」は夜がこぼしたかけらだったのだろう。

以前「うばたま」の実をたくさん外国人の集りに持っていった。

「要りませんか」

私の掌《てのひら》から夜の魂は、たちまち何人かの人の掌へと消えていった。

# おさがり

「おさがり」ということばが、神さまからの頂き物のことだと知った時には、ほんとうに驚いた。

それまでは、せいぜい兄弟の間を順ぐりに下りていく古着のことだと思っていたのだから。友人だって同罪だと思う。「これ兄貴のおさがりなんだ」と、情けなそうに言っていたもの。

古く、天皇からの御下賜物は禄《ろく》といった。多く衣服だったからだ。有名な菅原道真の「御賜《おんし》の御衣《ぎょい》」があるではないか。今のボーナスに当たるものは季禄《きろく》といった。季節に賜わる着物だ。サラリーも俸禄《ほうろく》という。またしても着物。

どおりで「おさがり」は古着で他の物はほとんどない。

私自身、じつは三十四年前に父親が亡くなった時、コートをもらった。最初の二、三年は着ていたこともあったし、「おさがり」としていまも大事に持っている。

もう一つ新鮮な感動をもったのは、お正月に降る雨を「おさがり」というと知った時だ。おめでたい正月だから晴天であってほしいと誰もが願うだろうが、晴天ばかりがよいのではない。神さまは慈雨を下さったのである。じじつ春先は、一雨ごとに春が定まっていく。乾燥した冬には雨も必要だろう。おさがりでなくて、何であろう。

父のことを書いてしまったから、ついでにもう一つ鉄面皮になって、おさがりの父の遺句を書かせてもらう。

　御下《おさが》りや　静かにともる　神の燭

われわれは毎食毎食、神からのおさがりを頂いて食事をしている。だから「いただきます」といって食べ始める。

ところが、以前さる小学校で給食の時子どもたちに「いただきます」を言わせなくしたという。「何も先生から頂いているわけでもないのに」とＰＴＡから苦情を言われたからだったとか。いやはや。

# かつら

「かつら」は桂《かつら》という樹木の名や、人工的な髪形の「かつら」にしか名前が残っていないが、本来は「髪連《かみつ》ら」で、髪に巻く植物のことであった。

「かざし」同様、樹木のエキスが浸みることを期待したが、そもそもは日本の鉢巻や海外のバンダナのように、「髪連ら」の生理的機能を知ったことから「かつら」も出発したのだろう。これを巻くと大脳の働きが刺戟されると。やがては「かつら」も装飾となり大酋長のように鷹の羽などをたくさん挿すに到るが。

古代日本の「かつら」は蔓草を巻くことから出発した。「ひかげのかずら」など、太陽の輝きを代行すると信じられた蔓草であった。

ギリシャの「かつら」はオリーブの葉。これもアポロの神から授かったものと考えられた。ギリシャの桂冠は勝者に与えられたが、日本では「ひかげのかつら」をした女が巫女《みこ》として神前に舞を奉仕した。

「かつら」が後のちまで信心を保って行われたのが、中国や日本の柳の「かつら」

だろう。中国では「楊柳《ようりゅう》を折る」と名づけられる歌曲があり、これが友人の送別に歌われた。

おそらく別れに際し、ともどもに柳を「かつら」として巻くのであろう。命長からんことをおたがいに祈るものだ。とくに柳は生長が早い。生命力が旺盛である。それが尊ばれた。

さてこんな「かつら」が今やまったく原形を失っているのは惜しい。人工の髪型も大切だが、本来の髪に巻く「かつら」を復活する女性が、どんどん出て来てくれないものか。

本来のことを思うと「かつら」も語感の奥行きが深くなる。送別の宴に、柳の一枝をもって現われ、去りゆく友に贈るだけでも「かつら」を大切にしたことになる。その時に長くゆかしい「かつら」の歴史が蘇《よみがえ》る。

# かざし

「かざし」は「かんざし」として現代語に残っている。

本来「かざし」は「髪刺《かみさし》」、髪に何かを挿《さ》すこと、また挿した物をいった。「かんざし」は「かみさし」の「み」が「ん」にかわったものだ。

挿すものはそもそも植物だった。代表的なものは稲穂で、これはみごとに今日も日本髪の中に残っている。それでもわかるように、髪に挿して、植物のエキスをもらうことを、本来目的とした。

いま森林浴などといって樹木の発散するものを身に享《う》けようとする。それと同じで具体的に髪からエキスを享けようとしたのが「かざし」である。

それでは着物に挟んでおけばよいかというと、そうではない。事実として髪や爪は死後も伸びる。それほどの生命力をもつ所へ、生命のエキスをしみ込ませるのが「かざし」であった。

つい先ごろまで「かざし」はお呪《まじな》いだと思われていたから「感染呪術」とよばれ

ていたが、実際的に感染するのだから、健康上の感染術と考えるのが正しい。

とくに古代人は深く自然と自分とが結ばれていることを信じた。一人一人と一本一本の木がつながっていて、それぞれの木をそれぞれの人の生命指標《ライフインデックス》と考えたことが、文化人類学で報告されている。「かざし」はその木に限るわけではないが、自然の中に生きる人間としての、正しい行為が「かざし」だった。

ただ「かんざし」が金属に代っては実効を期しがたい。だからそれより、ふと道端の花を摘んで襟にでも挿してあげる方が、よほど心豊かな表現となるだろう。「かんざし」という音は美しくない。「かざし」という古語に戻し、心を取り戻すことが必要ではないか。

# はなだ

「はなだ」(縹)はもっぱら色に使われることばで、青色のことだから、知らないとびっくりする。

おまけに「はなだ色」は略して「はな色」ともいう。おしゃれな着物で「裏ははな色木綿」ということばを聞いたことがあるだろう。白状すると私は長いこと、花やかな、たとえば赤色などの裏地がついているのかと思っていたが大ちがいで、何と青色の裏地だった。

可憐な秋の草に露草がある。この草のことも「はなだ草」という。青い花を咲かせるからである。

そこで、なぜ青を「はなだ」とよぶか、わけを知りたくなるが、私にも解答はない。おそらく平安時代に青と青の襲《かさね》(二つの色を重ねること)を「はなだ」といったのが起こりだろうか。こう歴史が古いと、古来日本人は青こそが最上の華やぎだと考えてきた、と思いたい。

「あお（を）」とは白でもなく黒でもない漠然さ、明（赤）でもなく暗（黒）ではない中間性を意味したとされてきたが、そんな第二等の地位づけから青を一挙に引き上げて、最高の美と考えたのが王朝びとだったと考えると、とても気持ちいい。明るいだけの赤など、単純にすぎるというわけだ。

なかなかの文明度ではないか。今日からでも青色というのをやめて「はなだ色」といいたくなる。

天逝《ようせつ》の詩人、中原中也も「はなだ」の色と語感を愛したひとりだった。代表作の「朝の歌」にも、

小鳥らの　うたはきこえず
　空は今日　はなだ色らし、

という一節がある。

露草というような呼び名も美しいが「はなだ草」もいい。「はなだ」を「縹」と書く、この漢字も見た目に美しい。「縹」などと、洒落た名の小料理屋も、どこかにないものか。

はなだ

# ひひな

「ひひな」は「ひな」と同じ。古くから日本人は小さいものを「ひな」といった。親鳥に対する「ひな鳥」、実物に対する「ひな形」のように。

「ひな」を少し伸ばして発音する「ひひな」は、定型詩でよく使われる。そもそも詩歌はリズムをもって歌われるものだから、部分部分を長く発音したり、縮めたりするのが当り前だった。そこで詩歌で「ひひな」と書かれると、「ひひな」という発音の柔らかさは、大いに日本人を喜ばせて、「ひな」とは別のことばとして並ぶ地位まで獲得した。

みごとなことばの力である。

だから企業の戦争のような現場では「商品のひな形」を作るというが、反対に少女が人形に興ずるのは「ひひな遊び」という方が似合う。

とくに「は」行の音は弱いから「はは」「ひひ」と二つ重ねるとちょうどよい柔らかさが出る。一方、濁音となるとすさまじい。トランプの「ばば抜き」のように、忌み嫌われることになってしまう。

ところで三月の「ひな祭り」にまで発達した少女の「ひひな遊び」は、本来三月に人間の身についた汚れを払うために小さい人形《ひとがた》を作り、これを川に流したのが起こりだった。流すべき人形が逆に美しいひな人形に変り、愛すべきものとなったのである。

小さいものを好む日本人の美意識の中では、こんな大逆転も起こる。

だから元々がどうであれ「ひな人形」をこれからも愛し、「ひな」よりも響きの美しい「ひひな」の方で、このことばも大事にしていきたい。

何もかも大雑把で、がさつになっていく現代である。本来の日本人が大切にしてきた緻密で繊細な感性を復権することも、日本の使命ではないか。

# うたかた

明治の文壇に新しい西洋の風を送りこんだものとして有名な、森鷗外の小説に『うたかたの記』がある。

場所はドイツ。一人の日本人画学生がドイツの少女に恋をし、少女が湖で溺死することで恋もはかなく終る。

まさに水の泡のように消えていった恋の物語だから、水泡を言う「うたかた」は、題名としてふさわしい。現に「うたかたの恋」という表現も、すでにあった。

しかし、明治文壇に新しい文学の黎明《れいめい》を告げる作品、しかも滞欧記念作品の題に、鷗外が「うたかた」という伝統的な和語を使ったことは、まことに興味深い。鷗外は後に「私は保守的進歩主義者だ」といっている。そのようなスタンスを西欧ふう近代文明にとったことの、自然な現われがこの題名であろう。

それほどに、「うたかた」は近代に埋没してはいけない伝統の美質を保つことばだった。

一方で泡沫《ほうまつ》ということばは、選挙のとるに足りない候補を「泡沫候補」というように、イメージが悪い。これを考えれば「うたかた」は、日本人が長く思いを込めて使ってきたことばだったことがわかる。

心に暖められ、心に磨かれて、ことばは美しくなっていく。

「うたかた」といえば、日本人はすぐ『方丈記』の冒頭「よどみに浮かぶうたかたは、かつ消えかつ結びて」を思い出す。「うたかた」は確かに存在するが、すぐ消えまた現われるというように、変幻自在なのである。その点、似たような

露と落ち　露と消えにし　わが身かな　浪速のことも　夢のまた夢

豊臣秀吉

の「つゆ」とは、はっきり区別できる。同じくはかないものであっても、「うたかたの恋」は恋そのもののはかなさを、「露と消えた恋」は空しい結果をいう。

はかなくとも、「うたかた」の実在を日本人は愛してきたのである。

# くさまくら

「くさまくら」とは草を枕として寝ることである。説明するまでもないだろう。

しかし草枕は旅を象徴するもので、手枕《たまくら》と岩枕の中間にあるものだということは、意外に知られていないのではないか。

旅ということばは、家の反対のことば。むつかしくは対義語《アントニム》という。すると旅が草枕を象徴とするように、家は何を象徴とするか。それが手枕である。

つまり家とは妻といっしょにいる安住の地で、そこを離れた放浪の境遇では、枕といえば草しかない、という考えを古代人たちは持った。実際にもこの時代の人はスゲなどを刈って来て、枕とした。

しかし「まくら」とは巻くべきもので、手で相手を巻き合って寝ることが元来の枕だった。妻の手枕のあるのが家、その代りに草を枕にするしかないのが、旅の草枕である。

ちなみに、この旅路で死を迎えると岩に包まれて眠りについた。手枕、草枕と並べればそれは岩枕というべきだろう。

だから草枕とは、妻を欠く悲しみの表現に他ならない。有間皇子《ありまのみこ》という十九歳の皇子が無実の罪に陥《おとしい》れられて旅をした時「家にいたら食器に盛る食事を、今は草枕の旅だから木の葉の上に盛る」という歌を作った(『万葉集』巻二)。このみごとな家と旅の対比は、「手枕を欠く旅では食器すらなく、葉っぱに盛るのさえ自分で盛って食べる」と歌う結果になった。当時(そして久しい後までも)、妻の役割と喜びが、夫の食事を食器に盛ってさし出すことにあった。

「くさまくら」ということばの大事さは、逆にこの愛の欠落の悲しさを訴える点にある。だから妻が死んで手枕がなくなった家も、古代人には悲しみが大きかった。

家という大切な居住空間を思い起こさせる意味でも「くさまくら」は、忘れられては困る。

つらがまえ

# つらがまえ

日本語の中にも、こんな力の込もった表現がある。「つらがまえ」、きっとこちらに向けた顔立ちが浮かんでくるではないか。

胆力の程も、しのばれる。

じつは日本語には戦闘に関する単語が、意外に多い。論陣を張る、的を射た答え、馬手《めて》（右手）弓手《ゆんで》（左手）などなど。古来平和を愛し、柔和な性格の日本人といったイメージとはちがう。

私はいつもこの事情を次のように説明する。

日本は公家政治の中で情の文化を完成し、これが今日まで日本文化の骨格をなしてきた。ところがこの後武家政治がつづき、武士道が推奨される。そこで武士道こそ日本文化と思っている人が意外に多い、と。

「つらがまえ」もこの武士道精神の一翼を担うことばだろう。十年ほど前、もと大藩の藩主だった家柄のKさんと会った時、みごとな武士の「つらがまえ」に私はひそかに感嘆した。

さてそうなると、この武士道は力だけの文化ではなく、情の文化を骨格とした上での力の文化だと知られるから、武士はただ強いだけがよいのではなくなる。「武士の情《なさけ》」ということばもある。

日本語の「つらがまえ」も、こうした文化の成り立ちの中で登場してきたことばだ。武芸一辺倒の、物の情も解さない凶悪な面相であろうはずがないし、また一方軟弱で優雅な美男の「つら」を「つらがまえ」というのでもないことが、明らかである。

なによりも、信頼できる自己を持ち、きっぱりと相手に向かって、澄んだ目を送ってくる顔が「つらがまえ」といえるだろう。

力の込もったことばだ。ほんとうの力というのは、人間にはなかなか見えにくいが、「つらがまえ」ということばの美しさは、ほんとうの力の美しさである。

# どろぼうまわり

「どろぼう」とは本来放蕩者《ほうとう》をいう関西方言だった。ところが関東にも波及すると盗人《ぬすびと》の意味になり、盗人の方の「どろぼう」はやがて全国制覇をとげた。

かくして「どろぼう」こと盗人が一個の人格（?）を全国認知されると、それらしく表現も「泥坊」（泥坊主）と書かれるようになる。

なにしろこの夜の職業人は「盗人」とよばれて『万葉集』にも登場するのだから、人間、はじめに泥坊ありき、といわれかねない。

しかしこの不法者、どこかユーモラスなところもある。ドジ泥坊も多かったのだろう。「頭隠して尻隠さず」のたぐいである。

だから哀れむべき愛嬌者として遊びの場に登場することにもなる。

その一つとして、輪になって遊ぶときの廻り方に「どろぼうまわり」という廻り方がある。いわゆる時計廻りのことだ。和服はふつう左を上にして襟を合わせるから、この順番だと、すっと右の者の手が左の者の懐へ入っていく。つまりは泥棒のような廻り方だということになる。

このような「どろぼう」は、子どものころ知った「どろぼう草」を思い出す。イノコズチなど、ものとくっついて種子を広げていく草のことだ。一時わが家の庭にどろぼう萩が繁茂して困ったことがある。花はきれいだが、ちょっとでも近づけば種子が一面にくっついて取るのに往生する。しかも繁殖力旺盛。

これはさすがに困るが、順番に廻ったからとて右の者の手が懐に入るわけではない。泥坊を例におもしろがっているのだから、罪は軽い。

口にしただけでも座がもり上がるかもしれない。どろぼうにも、時としてエンターテーナーになってもらおう。

# のんき

「のんき」ということばも、なかなかいい。だいたい「のんき」になんかしていられないのが現代なのだから。

しかし忙しく働くばかりが能ではない。「そうだ、のんきにしよう」と思うだろう。しかしさてその時、ではどうすればいいのだろう。「のんき」とは飲む気か。酒を一日中飲んですごすことが「のんき」なのか。ちがう。

もともと「のんき」とは中国語である。「暖気」。「暖」をノンと発音するのは、中国から入ってきた発音でも特殊なものに属する唐音《とうおん》（宋音《そうおん》ともいう）である。唐音は行《あん》（行火《か》・行燈《どん》など）、経《きん》（看経《かん》など）に例がある。仏教関係のことばに多い。

暖気も仏教の輸入によって日本に入ってきたのだろう。

さてそこで「のんき」とは「気分の暖かいこと」であった。

暖かいといえば天気も晴れだろう。別の日本語には「能天気《のうてんき》」というものがある。頭の天候は晴れ。陽気でおっちょこちょい者が「能天気」だ。「のんき」はこれにも近い。

しかし「のんき」に「能天気」のような否定的な響きはない。むしろ頭も心も体も暖かくて、とげとげした考えは持たず、ゆったりとくつろいで万事穏やか。そのおかげで、物事もよく見え、心も大様で善行にも励みたいと思うだろう。人の情もわかってくるはずだ。

どうも近年は「のんき」を悪徳と考えがちだが、そうではない。大正時代には「のんき節」が流行し、作家、尾崎一雄には『暢気《のんき》眼鏡』の作がある。大正から昭和にかけては経済の不況、戦争への傾斜、時代の閉塞があった。その中でこそ、救いのように登場したのが「のんき」だった。

精神の不毛がいわれる現代、「のんき」の価値をもう一度とり戻してみたい。

のんき

# あそぶ

「あそぶ」とは何か。ぼんやりすることである。「あそ」は「うそ」と同じだ（うそではない）。「うそ」は内容のないこと。ついでに「いつわり」は事実に反することである。

そもそもこのぼんやりは、神さまのお告げが入ってくるために必要な空間装置だった。だから神託を伝える巫女《みこ》はくるくる舞って狂い、自己を虚脱状態にした。音楽もじゃんじゃん演奏して正気を逸脱させる。だから音楽を奏することをあそぶといった。

平安時代に神遊《かみあそび》というのは、今の神楽《かぐら》のことだ。神前の音楽や所作を、あそびといったのは、以上のようないきさつを踏まえてのことである。

さてこの、自分をうそ状態にすることが、神さまなしでも許されるようになったのだから、あそびは何ともうれしいではないか。万事、真面目が大事、役に立つことしかダメとなると、窮屈で気分が滅入ってしまう。

英語で朝食をブレックファストというのは戒律を破ることだ。食べてはいけない戒《いまし》めを破って、さあ食べてもいいということでこそ、さわやかなモーニングコーヒーも飲める。

だから世の中あそびなしでは朝食もとれないことになりかねない。大変である。以前テレビ番組で、引きこもりの少女たちと並んで坐ったことがあった。アナウンサーが「好きなことばを書いて下さい」というと、隣の少女は「ギブアップすることが好き」と書いた。少女を陰鬱《いんうつ》な心理状態においやった原因は、ギブアップできないことにあったのである。

この少女など、あそびをいちばん欲している者だろう。「いいんだよ、あそんでみようよ」と私はいった。この書物でもたくさんの心の患者さんに「あそぼうよ」といいたい。ハンドルだってあそびがあってこそ車を操縦できるのだから。

心の中で「わたしはあそぶ」と呟いてみよう。目の前に明るい風景がぱっと展がるはずだ。

# かろとうせん

「かろとうせん」とは漢字の熟語「夏炉冬扇」のことである。

そもそもは中国のことばで、二千年ほど前に書かれた『論衡《ろんこう》』という書物に出てくる。それが日本に輸入され、日本でも大きな共感があって、文学を考える重要な見方となった。

ことばの意味はすぐわかるとおり、夏の季節の炉、冬の季節の扇子だから時期に合わないもののことをいう。炉はヨーロッパふうにいうと暖爐、日本なら囲炉裏《いろり》、今でいえばストーブや暖房器具だろう。

こんなものは冬でこそ必要だが、夏にはいらないから、座敷の炉は夏、畳でふさぐこともあった。

だから「かろとうせん」は役に立たないもののたとえとして言われた。

ところがこのことばが日本で俄然有名になったのは、十七世紀の俳人、松尾芭蕉が「予《よ》が俳諧は夏炉冬扇のごとし」(「許六離別ノ詞」)といったからだ。当時新しい作風をもって多くの人をひきつけていた芭蕉が、弟子に向かって「私の俳句は役に立たないものです」といった。その意味が大きな衝撃をあたえた。

芭蕉は何をいいたかったのだろう。「無用の用」ということばがある。それを目ざして俳句を作ることが大事だというのではないか。

ふだんは役立たずだと思ってころがしておいた物が、意外に大活躍ということがある。小ざかしく働き廻る人間が、じつは機嫌をとるばかりの小物だったりすることもある。俳句そのものでも、季語よりも季節感が大事ということばが、しばしば聞かれる。

しかしこのことばは、もっともっと大きな存在の仕方を示唆するのではないか。目先の役に立つか立たないかばかりに心を奪われて、肝心の自己鍛錬をおこたれば、何の役にも立たない。そうした基本の生き方を大事にすべしという囁《ささや》きが伝わってくる。

「かろとうせん」は終生味わいつづけたいことばである。

# わびる

向田邦子の『父の詫び状』が評判になり、「詫び状」が少々流行した時に、私は漠然とだが、日本人は「わびる」ことが好きだなあと思った。

そういえば思い当ることが多い。むかし、いまは亡き河合隼雄さんに「日本人は挨拶のように『すみません』という」と、言ったらすぐ賛成してくれた。「そうですよ。首相なんかすぐ『アイアムソーリ』！」。

被害者までが裁判でも「私はお金がほしいのではありません。わびてくれさえすればいいのです」という。重大犯罪ではそうばかりではあるまいと思うのだが。

さてこんなに「わび」の大好きな日本人は「わび」とは何をすることだと思っているのだろう。

私の見るところ「詫び」は「侘び」と同じ（日本も中国も）。そして「わび」は千利休の茶を「わび茶」といい、俳人、松尾芭蕉が「わび・さび」を理念としたように「さび」の仲間で、ほとんど死に絶えるようなわびしい風情をいう。これらをあれこれ考えた結果、私は「わび」とは死にそうになる感情をいうのだろうと結論づけた。この閑寂の境地を理想としたのが利休や芭蕉だった。

だから自分の非を「わびる」とは、「非に気づいて死にたえたような心境です」という告白でないといけない。

それでこそ「死んでお詫びをします」という台詞《せりふ》もよくわかる。頭を丸めて、つまり髪を剃《そ》って詫びるというのも生命力の象徴の毛を断つことだから「死んでお詫びする」とひとしい。ある集団では「詫び」のしるしに指をつめるという。これも生命の一部に死を与えて詫びとすることだ。

しかし、はたしてわれわれ「お詫びします」という時に死んで詫びていると、自覚しているだろうか。「すみません」を連発していては、いくつ命があっても足りない。詫びるとは死ぬことだときめた日本人のモラルをもう一度思い出したい。

# あやまる

日本語では謝罪することを「あやまる」という。「すみません」といいながら。

また何度も何度も頭を下げながら。

それでは「あやまる」とはどうすることなのか。

ことばのできるルールからいうと「あやむ」から「あやまる」ができたはずだ。

それでは「あやむ」とはどうすることか。

殺すことだ。謝罪することは、なんと殺すことだったのである。

もちろん殺すのは自分自身。もっと詳しく言うと、自分が殺されるような状態になることだ。あまりもの罪の深さに。

別に「わびる」で述べたような、日本人の大好きな謝罪は、この「死んでお詫びをします」というのと近い（202ページ）。

ただ「あや」という語には、ひびきのよさがありはしないか。「あや」が別に美しいことも意味するからだろうか。「あや織り」とか「目もあやに」とかいうように。

「彼はみずからが犯した罪に思わずおののき、この期に及んではわが身を殺《あや》めようと思った」――もしこんな台詞があれば、きっぱりとした謝罪の決意を示すようで、むしろ自死が美しく感じられる。

こうした決意のあり方を出発点として「あやまる」ということばが誕生したのだろう。

そう考えると、指をつめたり剃髪したりする謝罪や「すみません」と頭を下げる謝罪と並んで「あやまる」が存在していることもよくわかる。

ちなみにこの「すみません」はいかに詫びようとも、自分の罪科が清算されない程大きいという意味だ。だから「すみません」はくり返し言う必要があるのかもしれない。「すむ」がペイすることだというのも妙だが、ペイするまで詫びを入れて、はじめて謝罪が成り立つのだから。

やはり「あやまる」のが一番格好いい。

# ことわる

われわれは時々物事を頼まれる。誘われることもある。

「お帰りに夕食のおかず買って来てね」

「おい、今日は少々やろうや」

こういわれる時、気がすすまない時、別用がある時もある。言いにくいがノーと返事しなければならない。要するに依頼や誘いを断ることになる。

さてこの返事のノーを日本語では「ことわる」という。迷惑なことに対しても「面会お断り」「押売りお断り」「貼紙お断り」という貼紙などなど。

ところが、この「ことわる」とは「事を割る」という意味だ。物事の道理をきちんと分析することである。

日本人は別に道理のことを「ことわり」という。世のことわり、人の道のことわり。いずれもきわめて理知的な判断を要求するもので、道理なるものを「事を割る」ことだと知った時、私はいたく感動したことだった。情緒的とかあいまいとかと言われる日本人にこんな理知があったとは――。

そこでノーと返事をするとは、物事の条理を窮《きわ》め尽したことになる。「課長、あの申入れにどう返事しましょう」と相談すると、課長「おお、あれか、面倒だからさっさと断れ」。そこで実直な新入社員「面倒だから断ります」と返事したら、これは「ことわる」ことにはならないのである。

ノーの返事を「道理を尽す」といってきた日本人のモラルの気高さ。

別に情念的にノーといいたい時のために先祖は「こばむ」という単語を用意してくれてある。これは拒否だから「ことわり」ほど手間をかける必要はない。さし当り、虫の好かない男性からのプロポーズに対するような場合だ。

# さびる

「この包丁、もうさびていてよく切れない」という主婦の嘆きは珍しくないだろう。鉄のさびはもっと進むと、古墳から出土する鉄剣のように赤茶けてぼろぼろになる。ところが一方、日本語には「寂しい」とか「少女《おとめ》さびる」とか、俳句や茶道などでいう「わび・さび」とかということばがある。

じつはこれらすべては、鉄の錆《さび》と同語なのである。寂しい風景は錆びついた風景、少女がいかにも少女らしいのは錆びのついた少女、俳句の「さび」も錆ごのみということだ。

しかしこう思い当ると、日本文化のすばらしさを感じるはずだ。そもそも「さびる」とは「然《さ》びる」ことで、それらしくあることをいう。風景はごく自然でわざとらしくないこと、少女は少女らしくて妙に大人びていないこと。俳句で尊重するのも、それ自体の自然な姿なのである。鉄でいえば、磨《と》ぎに磨いでぴかぴかしているのは鉄本来ではない。鉄は酸に弱い本性のままにあることが鉄の錆だったのである。

日本人はわざとらしさを極端に嫌った。たとえば老人は「翁《おきな》さぶ」あり方がよい。だから、「年寄りの冷水」は美徳とは考えない。同じように景観破壊の建物など「さび」た風景からは徹底的に排除される。自然な風景がよい。

鉄の錆はとくによいではないか。錆びるのが本性なら、鉄など本来武器に向かないのに、鋭利に加工すると殺人の道具になる。これは不自然で好ましくないというのが、古来の考え方なのだから。

ただ誤解されては困る。「そうかそうか。人間も錆びついていればいいんだな」というわけにはいかない。鉄の錆びはぼろぼろだが、人間の「さび」はいかにも人間らしく人の情も理解し、霊長類らしく知恵もある、それでいて背伸びをしていないことなのだから。

「さび」とは「らしく」あることの教えである。

# ててうちははうち

このようなことばも、日本語の中にある。父《てて》からも打たれ、母《はは》からも打たれることだ。

しかもこれは名詞である。一回や二回そのことが行われるだけでは、状況を語る動詞にしかならないのに、それがくり返され、社会現象とさえ言えるようになると、名詞ができる。

「ててうちははうち」はすでに十八世紀のころに、日本の社会の底辺で見られたことを、このことばは語っている。

哀しい。ことばも切ないひびきをもつ。

唐突な思い出を許していただくと、私が親子の哀しみを初めて知ったのは、幼いころ家にあった小さな陶製のおつるの像であった。

おつるは浄瑠璃『傾城阿波《けいせいあわ》の鳴門《なると》』に登場する巡礼娘、「巡礼に御報謝《ほうしゃ》」と訪れた家から出て来たのは生き別れになっている母親のお弓。おたがいに気づかない。

お弓は巡礼娘をあわれがって身元を聞く内に「もしやわが子か」と思い、父の名を聞くと十郎兵衛と答え、「して母の名は」「お弓と申します」。取り乱すお弓。しかし娘に災いの及ぶことをおそれて身を明かさずに帰す。ところが十郎兵衛はおつるの持金に目をつけて、娘とも知らず殺してしまう――。私の母親が粗末なおつる像を前に、浄瑠璃の一節を何回語ってきかせてくれたことか。これが、親子の切ない別れを私が知った、初めであった。

日本最初の「ててうち」は戦場へ赴けといわれて「父は私に死ねというのか」といった倭建命《やまとたけるのみこと》だったろうか（『古事記』中巻）。歴史は長いながら、しかし現代の「ててうちははうち」は言語に絶する。幼子の遺体を棄てる事件が日常的にさえなろうとしている。

そういう人たちに、子の哀しみを教えてやろうではないか。そのためにも「ててうちははうち」は役立つことばだ。

# おんばひがさ

漢字では「乳母日傘《おんばひがさ》」と書く。

むかし子育て役の女をよんだ「めのと」ということばは、やがて「うば」に代り、「うば」は「お」という敬称をつけて「おうば」といわれた。「おんば」は、これがさらに訛《なま》ったものだ。

この乳母《おんば》に可愛がられて「負んぶに抱っこ」で育てられる子が、もう一つ日傘をさしてもらい、大事に大事に育てられる状態をいうことばが「おんばひがさ」である。

到れり尽くせりで、見ている方がひがんでしまうような状態だが、乳母なる者はこれほど献身的で盲目的だという皮肉や、育てられる子がひ弱で一人前とはいえないという憐憫《れんびん》の情も、このことばは含んでいる。

しかし何はともあれ、羨《うらやま》しい子であることにはちがいない。いくら「あんな育てられ方をしたのだから、どうせ碌《ろく》な大人にはならない」と悪態をついても、ほとんどの庶民は、乳母などつけてもらえない。ごくごく少数の「いいとこのお子達」だろう。

そんな子への羨望やひがみも、否定できない。

それをさらにつきつめると、「おんばひがさ」の境遇など、誰も実際には見たことがないかもしれない。

私は、おそらくそれが実態だと思う。このことばは想像の中にだけ生きていることばに、むしろ近かったのではないか。たとえば民衆の女たちは、自分が若殿と恋をしている様子を空想したり、身に余る黒髪をすく櫛を買ってくれと歌ったりする。実際は稲つきや田植えをしている女の、労働歌なのだ。

「おんばひがさ」は要するに実在性のうすい、願望のことばだった。民衆はわが身を錯覚することで、苦しい生活にうち克《か》とうとする。願望のことばは、そのための切ない道具だったのである。

空想のことばがなければ、民衆は死んでしまう。ことばの役割は切ない。

# 五十音順索引

## 写真メモ

かぎろひ〈奈良県　宇陀市　かぎろいの丘〉16・17
ほてり〈奈良市　学園前〉24・25
たそがれ〈滋賀県　彦根市　琵琶湖〉32・33
ありあけ〈奈良市　飯守山〉36・37
ゆうだち〈奈良市　平城京〉48
にわたずみ〈奈良県　明日香村　蘇我入鹿首塚〉49
のわき〈奈良県　明日香村〉52・53
なごり〈福岡県　博多湾〉64
みおつくし〈三重県　伊勢湾〉65
たたなづく〈奈良県　吉野〉72・73
わかみず〈奈良県　桜井市　大神神社〉80・81
はる〈奈良市　春日山〉88・89
おみずとり〈奈良市　東大寺二月堂　修二会〉92・93
ふじなみ〈奈良市　奈良公園　飛火野〉100・101
なつ〈奈良市　梅谷口〉104・105
とこなつ〈奈良県　吉野　宮滝〉112
ひさご〈奈良市　学園前〉113
ででむし〈香川県　丸亀市　本島〉116・117
あき〈奈良市　南椿尾〉124・125
ふゆ〈奈良県　川上村　御船の瀧〉136
うすらひ〈奈良市　忍辱山町　円成寺〉137
いさりび〈京都府　若狭湾〉144・145
おもかげ〈奈良市　平城京　水上池〉156・157
かおり〈奈良県　天理市〉164
たつ〈奈良県　榛原市〉165
おさがり〈奈良市　学園前〉172
かつら〈奈良県　桜井市　大神神社〉173
はなだ〈奈良県　宇陀市　室生川〉180
ひひな〈奈良市　学園前〉181
つらがまえ〈奈良県　宇陀市　室生寺〉188・189
のんき〈奈良県　明日香村　稲淵〉196・197

# 著者略歴

中西 進［なかにし すすむ］

1929年東京生まれ。東京大学卒業後、同大学院に学び、59年文学博士。日本最古の歌集『万葉集』のアジア的視点による研究で注目され、64年読売文学賞、70年日本学士院賞、91年和辻哲郎文化賞を受賞。また『源氏物語』を同様の方法論により解明、読者に価値観の転換をせまった。これにより、98年大佛次郎賞を受賞。一方、併行して日本人のエトスの解明を進め、愛、死、狂、漂泊などを焦点とする著書を矢継早に出版。01年以降これらの総体を平易に語った『日本人の忘れもの 1〜3』（ウェッジ）を刊行。

近年は日本の歴史の本質を見極める作業に従事。06年『国家を築いたしなやかな日本知』（ウェッジ）の刊行に続いて現在、「日本人 意志の力」を月刊誌ウェッジに連載中。また現在『中西進著作集』（全36巻）（四季社）を刊行中。

大阪女子大学学長、京都市立芸術大学学長などを歴任し、01年より奈良県立万葉文化館館長。文化功労者。瑞宝重光章受章。

ことばについての主な著書として、『ひらがなでよめばわかる日本語のふしぎ』（小学館）、『日本語の力』（集英社文庫）、『ことばの風景』（角川春樹事務所）がある。

写真・井上博道［いのうえ はくどう］
1931年兵庫県香住生まれ。54年、龍谷大学文学部仏教史学科卒業。55年、司馬遼太郎の知己を得、産経新聞大阪本社編集局写真部に入社。66年、プロカメラマンとして独立。大阪芸術大学写真科勤務を経て97年退職、創作活動に専念する。
日本写真家協会（JPS）会員、奈良市美術家協会会員ほか。2012年没。
著書に『日本の庭園』（講談社）、『日本名建築写真集（東大寺）』（新潮社）『やまとのかたち・こころ』（講談社）『大和路の野の花』（文化出版局）『万葉集』『山頭火』（共にP・I・E BOOKS）ほか多数。

美しい日本語の風景

平成二十年三月二十六日　初版発行
平成二十五年七月十九日　三版発行

著　者　中西　進
発行者　納屋嘉人
発行所　株式会社　淡交社
本社　京都市北区堀川通鞍馬口上ル
営業（〇七五）四三二－五一五一
編集（〇七五）四三二－五一六一
支社　東京都新宿区市谷柳町三九－一
営業（〇三）五二六九－七九四一
編集（〇三）五二六九－一六九一
http://www.tankosha.co.jp

印刷・製本　図書印刷株式会社


Printed in Japan ISBN978-4-473-03442-7